学校給食アレルギー事故防止マニュアル

先生・親・子どもとはじめる危機管理

赤城智美

NPO法人アトピッ子地球の子ネットワーク

合同出版

もくじ

読者のみなさまへ……4

第1章 学校給食と食物アレルギー

学校給食のあゆみ——福祉から教育へ……8
食物アレルギーへの理解——食品の表示義務化が転機……10

第2章 調布市の学校給食事故から学ぶもの

調布市の学校給食事故……13
続発する誤食事故や配膳ミス……16
悲しい事故をくり返さないために……18

第3章 調布市の学校給食事故はなぜ起きたか?

それぞれが別のチェック表で確認していた……20
献立表の役割……26
32分間、症状が出なかったのか?……28
エピペンを使う判断ができなかった……32

第4章 誤食したときの緊急対応——エピペン講習とシミュレーション

誤食したときの3つの緊急対応……34
事故に対応する体制……35
エピペン注射の講習……36

コラム 食物アナフィラキシーの既往がある子どもの学校での対応
神戸医療生活協同組合
いたやどクリニック院長　木村彰宏……43

第5章 事故を防ぐために、学校・家庭・子どもができること

- アレルギー物質を含む27品目の特定原材料……54
- 食物アレルギーの診断……55
- アナフィラキシーショックの症状は多様……58
- 給食調理の現状について知る……59
- 「学校生活管理指導表（アレルギー疾患用）」で情報を共有する……63
- 緊急時の対処を「要請」する……68
- 子ども自身が危機管理に参加する……71
- アレルギー問題を共通課題にするか、自己責任に帰すか？……73

第6章 アレルギー問題を食育につなげる

- 家庭科の調理実習から学ぶこと……78
- カードゲーム式教材「らんらんランチ」……80
- 食を学ぶことが必要になっている……81
- 食べものに対する気持ち、食べるのが怖い!?……85
- 子どもの気持ち、親の気持ち……86
- 「共に生きる」を共に学ぶ……89

おわりに……92

読者のみなさまへ

２０１２年12月20日、東京都調布市の小学校で、学校給食の誤食事故が起こりました。乳製品のアレルギーがある小学5年生の子どもが、給食のおかわりの際に、誤って渡されたチーズ入りのチヂミを食べて死亡するというものでした。痛ましく悲しい事故でした。文部科学省によると学校給食に関連した死亡事故として、北海道札幌市の小学生が給食のそばを食べた後亡くなった事故（１９８８年）以来、２例目であると報告しています。

年が明けた２０１３年1月8日の仕事始めの日からアトピッ子地球の子ネットワークの電話は鳴りっぱなしになりました。その多くが、新聞記者、学校給食の関係者、小児科医、行政関係者などからの取材や対応策などの照会でした。

それから少したった1月の終わりから2月頃になると、今度はお母さんたちからの電話が入りはじめました。電話の多くが相談や意見、情報の提供でした。

調布市での事故をきっかけに「これまで（学校給食で）アレルギーの対応をしてくれていたのに、４月からはしないと言われてしまった」「いままで何年も話し合って、食物アレルギー対応のためのルール作りをしてきたのに……」「食物アレルギー対応の給食が実現していたのに……」「これからどうしたらいいか？」などなど。

死亡事故以降、手のひらを返したように学校・教育委員会の対応が変わったという報告が何例も続きました。押し並べて学校側が柔軟性を欠く対応をすることになるとは思ってもいませんでした。行政側からは「体制を整えるまではアレルギーの対応を見合わせる」という言い方をされましたが、一般には「給食を作らずにお弁当にすれば危機管理をしなくて済む」「アレルギーはごく一部の子どもの問題」などという受け止め方がなされ、「お弁当を作らない親が怠慢だ」というような新聞への投書やインターネットへの書き込みには、これまでの関係者の努力がいっぺんに崩れていくような感覚に陥りました。

しかし、のちほどくわしく説明しますが、お弁当にしたとしても危機的な給食事故は起こります。「お弁当にすれば学校は危機管理をしなくていい」という安易な発想は、危機の回避に役立たないだけでなく、危険であることを強調する必要性を痛感しました。

では、食物アレルギーがある子どもが安心して学校生活を送るには、家庭は、学校関係者は、どうしたらよいのでしょうか？

本書は、リスクコミュニケーションの視点から食物アレルギー、学校給食を考えてみました。ご存じのようにリスクコミュニケーションとは、さまざまな立場にある関係者全員が、情報を共有し、危機管理のためのプランを立て実行するという考え方です。

しかし、いまの学校の現状を見てみると「関係者全員が情報を共有する」ということ自体がうまくいかないことが多いのではないかと感じます。上下関係や指示系統が厳格で、対等な意見交換の雰囲気がない組織があります。たとえば、雇用関係が複数ある（正規職員、パート、委託事業者など）組織では、「関係者全員が危機管理という共通のテーマのために情報を交換する」ことの必要性の認識度合いや、立場の相違が壁になって伝達が阻害されることがあります。

　学校生活のリスクコミュニケーションには、クライシスマネジメント（危機事態の発生後の対処方法）とリスクマネジメント（危機事態の発生を予防するためのリスクの分析とリスクの回避）の2つが課題としてあると思います。今回の事故や、私たちの団体に寄せられた相談事例を見ると、栄養士、調理員の方々は日々、緊張して食物アレルギーへの対応をしてくださっていることは疑いありません。しかし、クライシスマネジメントやリスクマネジメントが、学校全体で、あるいは子どもをも包含したクラス運営の中でおこなわれる段階には達していないと感じています。

　学校給食で、もう1つ重要なテーマは「給食は教育として実施されている」という点です。学校給食は「教育の機会」なのです。栄養や健康について学ぶ、楽しく食べる、食事を作った人、食材料を作った人に思いを馳せるなど、さまざまな教育の観点があります。それに加えて、表示を見て安全に食品を選ぶ方法やアレルゲン管理、子ども自身が健康管理する方法など、学校給食が課題にすることはたくさんあります。

　食物アレルギーの子どもたちは、日々自分のアレルゲンを避ける努力をしていますが、「家庭の努力」だけでは、「自己責任に帰す」だけではとうてい避けられない事故があります。子どもたちは、日々の食事のほかにも、さまざまな不便を抱えています。事あるごとに、ほかの人とは違うということを感じています。「他者とは違う」ということがいじめの原因になったり、子どもの「自己肯定感」の発達を阻害しないように、教育の現場で「共に生きる」ことをあらためて教育課題に位置づけたいと思います。

この本が誤食事故の検証に基づくリスクコミュニケーションの試案、アレルギー疾患から学校給食のありかたを考える素材として、お役に立てれば幸いです。

ＮＰＯ法人アトピッ子地球の子ネットワーク　赤城智美

第1章 学校給食と食物アレルギー

●学校給食のあゆみ——福祉から教育へ

東京都調布市の学校給食誤食事故についてお話しする前に、給食が学校において、どのように位置づけられているのかを少しだけ確認しておきたいと思います。

「食に関する指導の手引」（文部科学省、２０１０年改訂）によれば、１８８９年（明治22年）、山形県鶴岡町の私立忠愛小学校が給食の始まりとされています。「貧困児童を対象に宗教的な救済事業として無償で給与」とありますから、教育というよりは、福祉的な意味合いが強かったようです。

食料危機のまっただ中にあった戦後1年目の１９４６年12月、文部、厚生、農林三省次官通達「学校給食実施の普及奨励について」の冒頭には、「学童の体位向上並びに栄養教育の見地から、ひろく学校において適切な栄養給食をおこなうことは、まことに望ましいことである」とあります。給食の「栄養」に着眼されるようになったことがうかがえます。そして、１９５４年に今日の学校給食の基礎となる「学校給食法」が制定されます。これによって学校給食の法的根拠が明確になり、ようやく学校給食は教育として実施されることが明文化されました。

学校給食の実施体制は自治体によって異なります。完全給食（主食、おかず、ミルク）だけでなく、補食給食（おかず、ミルク）や、ミルク給食（ミルクのみ）などが実施されている地域もあります。学校給食法ができたことにより、給食は各地で普及が進みましたが、近年になっても完全給食の普及率が90％を切る地域がいくつか残されています。

給食は主に、学校敷地内に調理場がある自校方式（単独校方式）か、複数の学校の調理を一括しておこなうセンター方式（共同調理場方式）で作られています。設備や配送体制、人員数、予算などの状況により、自治体ごとに選択される態勢は異なります。

調理員と子どもとの距離が密接で、できたての給食を温かいうちに食べることができ、栄養士や担任、養護教諭などの学校職員と調理員との連携が密接であることが望ましい、と考えると、自校方式は理想的なのですが、児童数の減少にともなう調理員数の減少や設備運営経費の削減などの事情から、センター方式に転換した地域もあります。

さらに、「学校給食業務の運営の合理化」（文部省（当時）、１９８５年）によってセンター方式が増え、調理業務は民間委託が増加しました。

調理業務の民間委託は、単に調理員が公務員から企業の従業員に変化しただけでなく、調理する人のパート化も進みました。学校に配置された栄養士が自治体職員で、調理する人が企業のパート従業員という関係は、栄養士と調理員のいままでの連携関係を大きく変化させ、新たな課題を生み出しました。

「給食の教育力をどのような形で実現するのか」「教育力の発揮を誰と誰がどのように連携し担うのか」「そもそも、給食を安全に実施するための責任は、誰がどのように担うのか」、役割分担や責任の所在だけでなく、労働環境として給食調理の現場を見たときに、「労務管理を誰がどのように担うのか」「公務員としての栄養士が企業のパート労働者に対して業務指示できるのか」あるいは「業務連携をどのようにおこなうのか」など、さまざまな課題を給食調理の現場は包含しているのです。

●食物アレルギーへの理解――食品の表示義務化が転機

今回の誤食事故を受け、文部科学省は２０１３年１月に、医師や栄養士らによる有識者会議を設け、事故の再発防止に乗り出しました。このような早い対応は、私たちの団体が活動を始めた頃にはなかったことで、食物アレルギーの子どもたちを取り巻く環境が変化したことを感じます。

いまふり返ると、食物アレルギーへの対応は、「アレルギー物質を含む食品の表示義務化」（厚生労働省、２００１年施行）が転機だったように感じます。容器包装された食品のアレルギー物質を含む特定原材料の表示が「食品衛生法」によって義務づけられ、２年の猶予期間を経て、食品表示は様変わりを遂げました（図❶）。これによって、患者は食品を選びやすくなりましたが、そのこと以上に「食物アレルギー」という言葉が、一般の人びとにも少しずつ浸透し、ある程度の理解が進むようになったことは大きな収穫でした。

図❶ 食品の一括表示と任意表示

加熱食肉製品（加熱後包装）

名　称	ポークソーセージ（ウインナー）		
原材料名	豚肉、豚脂肪、結着材料（植物性たん白、でん粉、卵たん白）、食塩、脱脂粉乳、糖類（ぶどう糖、水あめ）、ポークブイヨン、香辛料、調味料（アミノ酸）、リン酸塩（Na）、酸化防止剤（ビタミンC）、発色剤（亜硝酸Na）、くん液、（原材料の一部に小麦、大豆を含む）		
内容量	97g	賞味期限	表面右下記載
保存方法	10℃以下で保存してください		
製造者			

本品の原材料で使用されているアレルギー物質（特定原材料5品目）を○印で表しています。

乳	卵	小麦	そば	落花生
○	○	○	使用していません	

本品は乳、卵、小麦を使用した設備で製造しています。

裏にまとめて表示

裏に一括表示

商品名
ひまわりの種チョコ

名　称	㊨チョコレート菓子
原材料名	砂糖、ひまわりの種、植物油脂（パーム油）、乳糖、脱脂粉乳、ココアパウダー、増粘剤（アラビアガム）、着色料（酸化チタン、紅花黄、カカオ、ラック、クチナシ黄、パプリカ粉末、クルクミン）、抹茶、ゼラチン（豚肉由来）、乳化剤（大豆由来）、香料、光沢剤
内容量	60g
賞味期限	枠外下部に記載
保存方法	直射日光・高温多湿の所を避けて保存してください。
原産国	韓国

【栄養成分表示】1食（60g）当たり

エネルギー	315kcal
タンパク質	4.8g
脂　質	16.8g
炭水化物	35.4g
ナトリウム	18mg
ビタミンE	2.6mg

表に任意表示

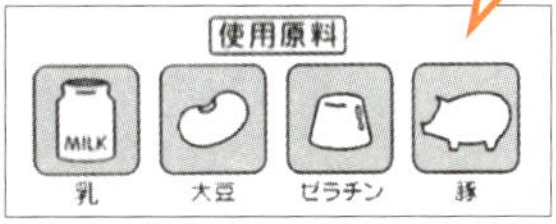

いまから20年ほど前、アレルギーがまだ社会的に知られていない時代に子育てをしていた世代は、「うちの子は食物アレルギーです」と言葉にした途端、神経質な母親、やたらと細かいことをいう迷惑な保護者、といったような、いま風にいえばモンスターペアレントに近いような扱いを受けねばなりませんでした。

食品企業を巻き込み、社会全体が食物アレルギーの誤食事故防止のために動き出した現在においては、当時との隔世の感があり感謝と驚きの気持ちを禁じ得ません。社会の変化とともに、いままで診断してくれる医師を探すことすら容易ではなかったのに、いまでは多くの医師が食物アレルギーに関心を持ち、診断と治療にあたるようになっています。

文部科学省は2004年に、全国の公立の小学校・中学校・高等学校・中等教育学校3万6830校（有効回答率97・9%、在籍児童

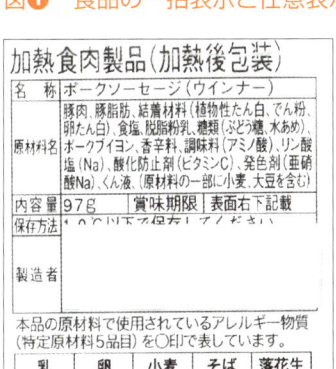

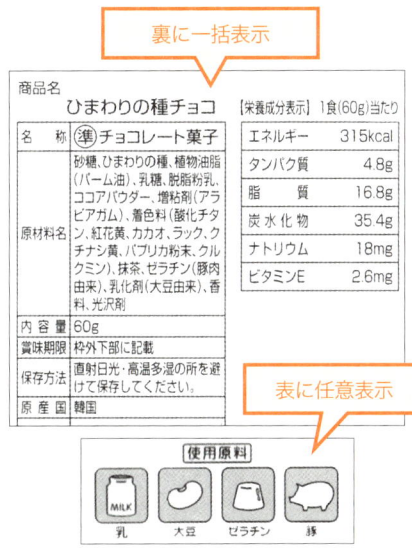

数１２７７万３５５４人）を対象に、実態調査をおこなっています。この実態調査にもとづいて「アレルギー疾患に関する調査研究報告書」（文部科学省、２００７年）がまとめられ、２００４年の6月末時点で、アレルギー疾患有病率は、ぜんそく5・7％、アトピー性皮膚炎5・5％、アレルギー性鼻炎9・2％、アレルギー性結膜炎3・5％、食物アレルギー2・6％、アナフィラキシー0・１４％という数字を公表しています。

この結果を踏まえ、「アレルギー疾患はまれな疾患ではなく、学校保健を考えるうえでは、すでに、学校に、クラスに、各種のアレルギー疾患をもつ子どもたちがいるということは前提としなければならない状況になっている」という提言がなされています。

これを受け、２００８年には、文部科学省の監修によって、「学校のアレルギー疾患に対する取り組みガイドライン」（日本学校保健会、２００８年）が出されました。このガイドラインには「学校生活管理指導表（アレルギー疾患用）」（63ページ参照）にもとづく取り組みがくわしく紹介され、全国共通の「フォーマット」が初めて示されました。

第2章

調布市の学校給食事故から学ぶもの

●調布市の学校給食事故

２０１２年12月20日、東京都調布市の小学校で起きた「学校給食における食物アレルギーの誤食による死亡事故」に関して、当時の新聞記事が伝えた事故の内容を中心にふり返ってみたいと思います。

事故の翌日21日の朝日新聞は、乳製品に食物アレルギーのある子ども（小学校5年生の女子）が、給食を食べたおよそ3時間後に死亡。死因はアナフィラキシーショックの疑いと市教育委員会が発表したと報じました。さらに22日の記事（図❷）では、給食は保護者と栄養士が1カ月ごとのメニューを確認したうえで、「除去食」を準備し、間違い防止のために、トレーと茶わんの色を変え、調理員さんが直接子どもに手渡ししていたこと。それにもかかわらず、乳製品を含む普通食を食べたことによってアレルギーが発症したことが書かれていました。

２０１３年1月9日の朝日新聞は、続報として子どもが摂取した乳製品は、最初に配食された給食ではなく、担任がおかわりの際にあやまって渡したチーズ入りのチヂミであったことを報じ

図❷　東京都調布市の誤食による死亡事故を報じる記事（2012年12月22日、朝日新聞）

乳製品摂取の可能性

給食後死亡　女児にアレルギー

東京都調布市立富士見台小学校で20日、5年生の女子児童(11)が給食を食べたあと死亡した問題で、同市教育委員会は21日、警視庁調布署による行政解剖の結果、死因はアレルギーで起きるアナフィラキシーショックの疑いと判明した、と明らかにした。

市教委によると、20日の給食はチーズ入りのじゃがチヂミ、わかめごはん、ナムル、肉団子のスープ、牛乳だった。女児には乳製品の食物アレルギーがあるため、この日の給食ではチーズを除いたチヂミを出し、牛乳は出さなかった。

女児の給食については、保護者と栄養士が1カ月分ごとにメニューを確認し、アレルギーの原因となる食材を除く「除去食」を用意。本人も知っていたという。間違いを防ぐため、トレーと茶わんの色を変えた食事を調理師が直接渡しており、20日もそうしたという。それにもかかわらず、女児が乳製品を含むものを摂取した可能性があり、市教委は経緯を調べている。

ました。担任には、「除去食一覧表（通称、おかわり表）」が事前に渡されており、献立の中に食べてはいけない食材が含まれる日は「×」印がつけられることになっていました。この日の「じゃがチヂミ（記事ママ）」にも「×」がついていたこと、おかわりの際にもこの「除去食一覧表」で確認することがルールになっていたが、事故当日は子どもが持参した自家製の献立表（献立表をもとに、家庭で子ども用に作成。食べてはいけない料理にはピンクのマークをつけていた）で、確認してしまった。また、校長がアナフィラキシーショックを抑えるための自己注射薬エピペンを子どもに使ったのが、おかわりのチーズ入りチヂミを食べた約40分後であることも書かれていました。

さらに1月23日の記事には、この小学校で、事故の3カ月前の9月27日にも、別の子どもが給食後にアレルギー症状を起こし、救急車で搬送されていたことが報じられています。原因は配膳ミスで、卵や乳にアレルギーのある子どもに、オムレツを出してしまったというものでした。この事故を受けて、講師を招いた研修会を開くなど再発防止に努めてきた矢先に起こってしまった死亡事故であったこともわかりました。

ポイント

- 事故当初の報道では、アナフィラキシーショックの原因となった乳製品摂取の経緯がわかっていなかった。
- 以降の報道で事故が最初の配膳のときではなく、おかわりの際に起きたこと、エピペンを使ったのが誤食後約40分だったことが判明した。
- 3カ月前にも、配膳ミスによる子どもの救急搬送があり、再発防止に努める中で起きた事故であった。

●続発する誤食事故や配膳ミス

この事故以来、ほぼ毎日のように配膳ミスや誤食の事故がマスコミで報道されるようになりました。

２０１３年４月18日、ふたたび調布市の小学校で誤食事故が起こりました。給食を食べ始めてすぐに、担任が自分の牛乳がないことに気づきますが、乳アレルギーがある子どもにその牛乳が渡されていました。その時点ですでに子どもは２００ccの牛乳のうち３分の１程度を飲んでしまっていました。調布市の教育委員会の報告によると、18日は入学の後、初めて経験する給食でした。

この事故では、幸い何も症状が出ませんでした。調布市の誤食死亡事故の以前ならニュースにならなかった事例だと思いますが、５カ月目のタイミング、同じ調布市での事故だったので、報道されたのではないかと感じました。

報道では、入学後初の給食だったため、担任が給食を配膳していた子どもに対して、「食物アレルギーがある子どもに牛乳を配ってはいけない」と伝えることを忘れていたということでした。のちほど具体的な事故防止のルールを紹介しますが、この事故では、担任が「子どもが食べてはいけないものを、配膳後に表を見ながらチェックする」あるいは、担任と食物アレルギーがある子どもがいっしょに「お盆の上に乳を含む食品がのっていないか確認する」などをルール化しておけば防げた事故でした。この事故が新年度の給食開始の初日に起きたのは、食物アレルギーの事故を防止するという、意識の欠如によるものが大きかったのではないかと感じました。

学校給食における食物アレルギーに関連した事故は、２００５年度から２００８年度のあいだに８０４件発生したことが、「学校の管理下における食物アレルギーへの対応　調査研究報告書」（独立行政法人日本スポーツ振興センター、２０１１年）で報告されています。担任の不注意を指摘しても事故の再発防止はできません。給食にかかわる多くのおとなたちが、どうすれば事故を防げるか、事故を契機として考えることが重要だと思います。

事故の軽重にかかわらず、起こった事実が報じられることは、注意喚起の機会になります。私たちは、事故報道に接したとき、「どのように現状を改善すれば再発防止につながるか」という観点から、事故から学ぶ姿勢をもたねばならないのだと思います。しかし、いまだからこそ取り上げられている事故報道の多さは、一方では、「食物アレルギーの対応は大変ではないか？」「学校で対策するには荷が重すぎる」というような気分を煽ってしまうのではないかと、少し気がかりではあります。

ポイント

■事故の軽重にかかわらず、アレルギー事故が報じられるようになった。

■事故報道に接したとき、再発防止の観点から事故から学ぶ姿勢が重要。

●悲しい事故をくり返さないために

１９８８年に札幌市の小学校で起きた死亡事故は「学校給食の最初の誤食事例」として、文部科学省の文書に登場し、過去のいくつかの新聞記事にもそのように紹介されています。

事故の実際は、給食で出されたそばを食べ、ぜんそく発作を起こした食物アレルギーの子ども（小学６年生）を、学校が１人で帰宅させてしまいました。子どもは下校途中に吸入器を使用したことが契機となって嘔吐し、その吐しゃ物が気管につまり窒息死したというものです。

「自分のアレルゲン食物が〝そば〟だということを知っていた子どもが、なぜそばを食べてしまったのか」ということについては、詳細な報道がされていませんが、ある大学の法学部の研究室がその後数年かけて、そばアレルギーの子どもがそばを食べた経緯を追跡調査して、〝食べた原因はいじめである〟と結論づけています。

１９８８年当時、「いじめが原因でそばを食べさせられた」という報道がありましたが、「いじめが原因」という報道はすぐになくなり「給食で出されたそばを食べて子どもが死亡した」という事実のみが語られるようになりました。それ以来、学校給食ではそばを出すことは禁忌となりました。

この事故が起こったとき、食物アレルギーはどのようにして起こり、どのように対策すべきか、少しでも事故の再発防止を観点にした調査分析がおこなわれ、それをもとに関係者の対策が進んでいれば、その後の給食における誤食事故は防げたのかもしれません。

「そばを食べて亡くなる人がいるから、給食ではそばを使わないようにする」

この対応だけでは、全国にいる多くの食物アレルギーの子どもは救われません。アナフィラキシーショックを起こす主なアレルゲン食物のリストには、卵、乳、小麦、そば、ピーナッツが上位に並びます。そばの対策だけではダメなのではないか？と気づくまで、多くの時間が費やされてしまったのではないでしょうか？

食物によるアレルギー症状が起こったときに、関係者はどのように対処すべきだったのか、26年前の給食事故から私たちが十分教訓を学び得なかったことがいまさらながら残念です。

第3章

調布市の学校給食事故はなぜ起きたか？

●それぞれが別のチェック表で確認していた

調布市の事故の報道に接したとき、最初に感じたのは「危機管理」の概念が学校にもう少しあったら、この事故は防げたのではないかということでした。

今回の事故が起こった学校は、食物アレルギーの子どもに対して無頓着ではありませんでした。むしろ食物アレルギーの子どもに対して、食事を提供することに前向きに取り組んでいたのではないかと思います。それなのになぜ事故は起こったのか。再発防止のために注目すべきポイントの1つだと感じます。

学校は、子どもが「乳アレルギー」であったことを把握していました。そこで学校と家庭では、担任・保護者・栄養士のあいだで以下のようなルールを決め、それぞれ対応をしていました。

◆**「調理室手配表」**（図❸）**での確認**——栄養士と調理員が打合せに使う詳細な情報が記載された表で、「各家庭に配布される献立表」（図❹）よりもくわしく原材料や使用量が書かれています。この表を使って担任・保護者・栄養士が月1回、来月のメニューを確認しています。

◆**食べられない食品がある日**――献立にある料理をすべて盛りつけてお盆にのせ、どれが除去食か調理員が子どもに伝えたうえで、直接、お盆を手渡す方法をとっていました。

◆**子どもからおかわりの申し出があったとき**――「除去食一覧表（担任用）」（図5）を使って食べられる食品かどうか確認をすることになっていました。

◆**家庭では**――「各家庭に配布される献立表」をもとに独自の表を作成し、食べられないものにマーカーで線を引いていました。この表を使って、毎朝、登校前に子どもといっしょに確認し、子どもはこの表を学校に持っていって、給食を確認していました。

当日の「じゃがいものチヂミ」にはチーズ（乳製品）が入っていたため、普通食のものは四角く切り分けられ、除去食のものは直径10㎝程度の紙カップに入れて丸い形にして焼かれていました。この子どもには除去食が渡されました。

その後、この子どもがおかわりを望んだ際、担任は献立のチヂミにチーズが入っているということを認識しておらず、「食べても大丈夫か?」と本人に確認したうえではありましたが、普通食のチヂミを子どもに渡してしまいます。

担任・保護者・栄養士のあいだで取り決めたルールでは、子どもからおかわりの申し出があったとき、「除去食一覧表」を使って確認をすることになっていましたが、この「除去食一覧表」は2階職員室の担任の机の引き出しに入っていて、担任は子どもが家から持ってきた表を見たも

図❸　調理室手配表（栄養士と調理員の打合せに使う詳細情報）

平成　24年 12月 20日　木曜日
献立枝番（0:通常献立　　　）

【調理室手配表】　調布市立富士見台小学校

	1	2	3	4	5	6	教職員	検食					合計	換算人	行事等
人数	53	60	57	44	62	68	34	1					379	384	かしわなし

料理名／食品名	一人分量 単位	一人分量 g	使用量 単位	発注量 単位	業者	切り方	熱	調理方法等
[わかめごはん]								
米		70.00	26.88Kg	25.00Kg	黒光		*	
炊き込みわかめ		1.00	0.38Kg	0.40Kg	黒光		*	
[じゃがチヂミ]								
じゃがいも		80.00	34.13Kg	34.00Kg	八百屋		*	
にら		5.00	2.02Kg	2.00Kg	八百屋		*	
ホールコーン(冷凍)		5.00	1.92Kg	2.00Kg	黒光		*	
にんじん		5.00	1.98Kg	1.00Kg	地場		*	
ベーコン		5.00	1.92Kg	2.00Kg	黒光		*	
でんぷん		8.00	3.07Kg	3.00Kg	在庫		*	
粉チーズ、ぬく		2.00	0.77Kg	0.70Kg	黒光		*	
ごま油		0.50	0.19Kg	0.19Kg	在庫		*	
しょうゆ		2.00	0.77Kg	0.77Kg	在庫		*	
酢		2.00	0.77Kg	0.77Kg	在庫		*	
砂糖		2.00	0.77Kg	0.77Kg	在庫		*	
[ナムル]								
キャベツ		40.00	18.07Kg	18.00Kg	八百屋		*	
小松菜		6.00	2.26Kg	2.00Kg	八百屋		*	
にんじん		5.00	1.98Kg	1.00Kg	地場		*	
茹で塩		0.00	0.00Kg	0.00Kg	在庫		*	
しょうが汁		0.13	0.05Kg	0.05Kg	八百屋		*	
にんにく		0.03	0.01Kg	0.01Kg	八百屋		*	
ごま油		0.15	0.06Kg	0.06Kg	在庫		*	
しょうゆ		1.50	0.58Kg	0.58Kg	在庫		*	
塩		0.20	0.08Kg	0.08Kg	在庫		*	
砂糖		0.20	0.08Kg	0.08Kg	在庫		*	
からし(粉)		0.02	0.01Kg	0.01Kg	在庫		*	
白いりごま		0.32	0.12Kg	0.10Kg	黒光		*	
[ミートボールスープ]								
豚ひき肉		10.00	3.84Kg	3.00Kg	肉屋		*	
鶏ひき肉		5.00	1.92Kg	1.00Kg	肉屋		*	
玉葱		5.00	2.04Kg	2.00Kg	八百屋		*	
しょうが汁		0.50	0.22Kg	0.20Kg	八百屋		*	
たまご		4.00	1.81Kg	1.00Kg	黒光		*	
塩		0.15	0.06Kg	0.06Kg	在庫		*	
こしょう		0.03	0.01Kg	0.01Kg	在庫		*	
でんぷん		2.50	0.96Kg	0.96Kg	在庫		*	
もやし		10.00	3.96Kg	3.00Kg	八百屋		*	
ねぎ		16.00	6.40Kg	6.00Kg	八百屋		*	
にんじん		10.00	3.96Kg	3.00Kg	地場		*	
絹ごし豆腐		20.00	7.68Kg	7.00Kg	協同		*	
小松菜		10.00	4.52Kg	4.00Kg	八百屋		*	
塩		0.85	0.33Kg	0.33Kg	在庫		*	
こしょう		0.04	0.02Kg	0.02Kg	在庫		*	
しょうゆ		3.50	1.34Kg	1.30Kg	在庫		*	
チキンがら		8.00	3.07Kg	3.00Kg	黒光		*	
水		140.00	53.76Kg	53.76Kg			*	
[牛乳]								
牛乳	1.00本	206.00	379.00本	380.00本	明治			
職10人								

図❹ 各家庭に配られる献立表（当時のもの）

12月 献立表

平成 24年　　富士見台小学校

日	曜日	献立名	赤の食品 血や肉になる	黄色の食品 働く力になる	緑の食品 体の調子を整える	栄養価
3	月	ごはん 牛乳 のっぺい汁 わかさぎの南蛮揚げ 野菜の味噌和え	牛乳 豚肉 豆腐 わかさぎ	米 でんぷん さとう じゃがいも 油 ごま	にんじん ねぎ きゃべつ もやし きゅうり 大根 ごぼう	エネルギー 602Kcal たんぱく質 21.7g
4	火	たらもトースト 乳酸飲料 ホワイトシチュー ツナサラダ	乳酸飲料 たらこ 豚肉 ツナ缶 生クリーム	パン じゃがいも 油 さとう 小麦粉 バター マヨネーズ	パセリ にんじん 玉ねぎ マッシュルーム きゃべつ グリンピース きゅうり レモン	エネルギー 697Kcal たんぱく質 20.8g
5	水	ごはん 牛乳 クリーミーあんにんゼリー マーボ大根 白身魚のスープ	牛乳 豚肉 かれい 豆腐 豆乳 寒天 生クリーム	米 さとう 油 でんぷん	にんじん にら 小松菜 しょうが にんにく たけのこ 大根 ねぎ	エネルギー 607Kcal たんぱく質 23.8g
6	木	かきたまうどん 牛乳 栗きんとん 豆腐団子の甘酢あんかけ 白菜おひたし	牛乳 鶏肉 たまご 豆腐 おかか	うどん でんぷん 油 さとう さつまいも 栗	にんじん 小松菜 ねぎ 玉ねぎ 白菜	エネルギー 602Kcal たんぱく質 26.7g
7	金	大根ピラフ 牛乳 果物 鰆の味噌チーズ焼き レタススープ	牛乳 ウインナー 鰆 ベーコン チーズ	米 さとう バター 油 マヨネーズ	にんじん パセリ 大根 玉ねぎ レタス 果物（キウイフルーツ）	エネルギー 679Kcal たんぱく質 27.5g
10	月	スタミナ丼 牛乳 三平汁 ごぼうの唐揚げ	牛乳 豚肉 鮭	米 さとう でんぷん じゃがいも 小麦粉 油	にんじん にら しょうが にんにく 玉ねぎ 大根 ぎゃべつ ねぎ ごぼう	エネルギー 642Kcal たんぱく質 22.8g
11	火	スパゲティナポリタン 牛乳 オニオングラタンスープ キラキラポンチ	牛乳 豚肉 ハム ベーコン 寒天 チーズ	スパゲティ パン 油 さとう バター	にんじん ピーマン パセリ 玉ねぎ コーン クランベリージュース パイン 黄桃 みかん缶	エネルギー 686Kcal たんぱく質 24.5g
12	水	ごはん 牛乳 はす団子汁 魚のゆず味噌焼き 野菜のおひたし	牛乳 すずき 鶏肉 たまご	米 さとう でんぷん ごま	小松菜 にんじん ゆず きゃべつ れんこん ねぎ しょうが 大根	エネルギー 621Kcal たんぱく質 31.1g
13	木	パエリア 牛乳 果物 パンプキンオムレツ きゃべつスープ	牛乳 いか ほたて ベーコン ウインナー たまご チーズ えび	米 じゃがいも 油	赤ピーマン かぼちゃ パセリ にんじん 玉ねぎ きゃべつ 果物	エネルギー 725Kcal たんぱく質 30.0g
17	月	ごはん 牛乳 果物 筑前煮 塩豚汁	牛乳 鶏肉 さつまあげ 豚肉	米 じゃがいも 油 さとう	にんじん いんげん ごぼう しょうが たけのこ 玉ねぎ きゃべつ えのき 果物	エネルギー 663Kcal たんぱく質 23.1g
18	火	ミルクパン 牛乳 カレースープ 鮭のハーブ焼き シーザーサラダ	牛乳 鮭 ベーコン 豚肉 レンズ豆 チーズ	パン パン粉 マカロニ さとう 油	パセリ にんじん ホールトマト にんにく きゃべつ コーン きゅうり 玉ねぎ	エネルギー 606Kcal たんぱく質 29.1g
19	水	里いもごはん 牛乳 揚げだし豆腐 五目汁	牛乳 油あげ 豆腐 鶏肉 豚肉	米 さとう 里いも でんぷん 油	にんじん 小松菜 玉ねぎ たけのこ もやし	エネルギー 645Kcal たんぱく質 25.3g
20	木	わかめごはん 牛乳 肉団子汁 じゃがいものチヂミ ナムル	牛乳 ベーコン 豚肉 鶏肉 豆腐 わかめ チーズ	米 じゃがいも さとう ごま でんぷん	にら にんじん 小松菜 コーン きゃべつ ねぎ しょうが にんにく もやし 玉ねぎ	エネルギー 614Kcal たんぱく質 20.8g
21	金	リザーブ給食	牛乳 鶏肉 豚肉 生クリーム	パン さとう マカロニ タルト皿 油	ブロッコリー にんじん ホールトマト しょうが コーン 玉ねぎ セロリ かぶ きゃべつ いちご	エネルギー 600Kcal たんぱく質 29.3g

※行事や食材の都合により献立を変更することがあります。
※今月の市内産野菜は、にんじん・大根・白菜です。

事故当日の献立

※献立と食材を明記し、前月末までに全家庭に配布。

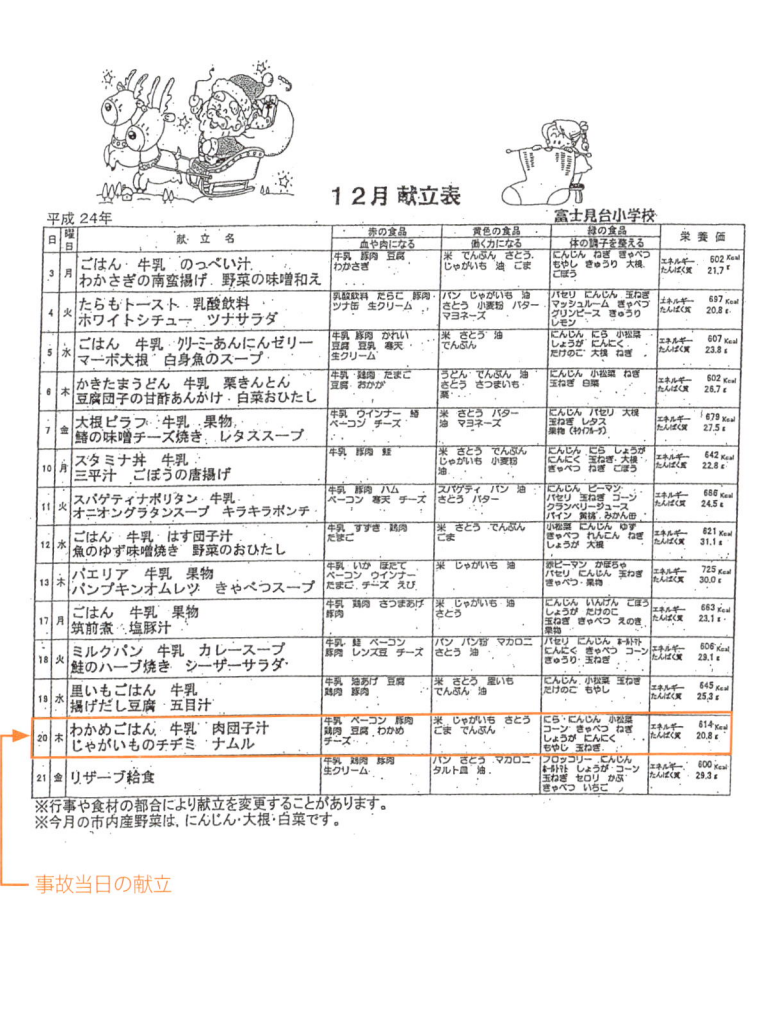

図❺　除去食一覧表（担任用）

	献立名	S さん	おかわり
12/3	ごはん		
	わかさぎの南蛮漬け		
	野菜の味噌和え		
	のっぺい汁		
12/4	たらもトースト	パンのみ持参	×
	ホワイトシチュー	持参	×
	ツナサラダ		
	乳酸飲料		
12/5	ごはん		
	マーボ大根		
	白身魚のスープ		
	あんにんゼリー	豆乳のみで提供	×
12/6	かきたまうどん		
	豆腐団子の甘酢あんかけ		
	白菜おひたし		
	栗きんとん		
12/7	大根ピラフ	バター除去	×
	鰆の味噌チーズ焼き	チーズ除去	×
	レタススープ		
	キウイフルーツ		
12/10	スタミナ丼		
	三平汁		
	ごぼうの唐揚げ		
12/11	スパゲティナポリタン	チーズ除去	×
	オニオングラタンスープ	バター除去・パン持参	×
	キラキラポンチ		
12/12	ごはん		
	魚のゆず味噌焼き		
	野菜のおひたし		
	はす団子汁		
12/13	パエリア		
	パンプキンオムレツ	チーズ除去	×
	きゃべつスープ		
	りんご		
12/17	ごはん		
	筑前煮		
	塩豚汁		
	みかん		
12/18	ミルクパン	パン持参	×
	鮭のハーブ焼き		
	シーザーサラダ	チーズ除去	×
	カレースープ		
12/19	里いもごはん		
	揚げ出し豆腐		
	五目汁		
12/20	わかめごはん		
	じゃがいものチヂミ	チーズ除去	×
	ナムル		
	肉団子汁		
12/21	ロールパン		
	照り焼きチキン		
	ブロッコリーとコーンのサラダ		
	ミネストローネ		
	タルト	タルト持参・豆乳ﾎﾞｲｯﾌﾟ提供	×

のの、「除去食一覧表」での確認はしませんでした。

ここで注意を促しておきたいのは、それぞれが確認している表が、「調理室手配表」、「各家庭に配られる献立表」、「除去食一覧表」、「献立表」をもとに家庭で作った独自の表と4つもあることです。

危機管理の原則からすると、打合せに使ったものと、日々確認に使うチェック表は同じものであるべきです。担任、保護者、それぞれの思いがあって努力したことが、結果的にはそれぞれ違う表を使って確認していたことになり、それが事故につながってしまいました。また、書き写しという作業にはつねに書き間違いや写し漏れが避けられず、打合せの際に使った同一の表をコピーして使うことを原則にする必要があります。

ポイント

■献立と原材料を確認する際には、関係者（担任、保護者、栄養士、調理員、本人など）全員が共通した表（「調理室手配表」が最適）を使うことが重要。

■「書き写し」は、書き間違い、写し漏れなどがある。原本をコピーして使用する。

■関係者各自が確認できるように、チェック表を壁に貼る、それぞれが携行するなどの工夫が必要。

●献立表の役割

当日の給食のメニューは、献立表では「じゃがいものチヂミ」と表記されていました。しかし、乳アレルギーの子どもがいることがわかっているのですから、献立表には「チーズ入りじゃがいものチヂミ」と表記すれば、事故を未然に防げる可能性が高まります。

また、「調理室手配表」の原材料の欄には「粉チーズ2グラム」と書かれていますが、この粉チーズはパルメザンチーズでした。神戸医療生活協同組合・いたやどクリニック院長の木村彰宏医師は、『食物アレルギー外来診療のポイント63』（診断と治療社、２０１３年）で牛乳と乳製品のタンパク量の比較を紹介していますが、事故の報道があったときも「粉チーズに使われるパルメザンチーズのアレルゲンタンパク含有量は牛乳の13・3倍だから、乳以上に危険なものであるという認識をもたなければいけません。しかし、この学校と保護者は、その認識をもっていたでしょうか」と指摘していました。

一般的な「献立表」は、献立名だけで、調味料、食材なども一括して書かれていることが多く、どのメニューにどんな原材料が入っているかわからないものが多いのです（図❻）。「食育」という観点からでしょうか、食品群や栄養素について併記されていることもありますが、そうした内容は「給食ニュース」などの別の資料として作成するようにして、献立表にはあくまで「どのメニューに原材料として何が入っているか」を明記するというような役割分担はできないでしょうか。献立表を、学校給食事故を回避する情報ツールとして再検討してほしいと思います。

図❻ 一般的な献立表

メニューがひとまとめになっていて、材料は赤（血や肉や骨になるもの）、緑（体の調子をよくするもの）、黄（働く力のもとになるもの）に分けられている献立表。１つ１つのメニューにどんな原材料が入っているかわからない。

日《にち》	こんだてめい			しょくざいりょう			えいようか
曜日《ようび》	しゅしょく つけるもの	ぎゅうにゅう	おかず	ちやにくやほねになるもの	からだのちょうしをよくするもの	はたらくちからのもとになるもの	エネルギー(kcal) たんぱくしつ(g)
1 月	ごはん	○	しめじとあおなのたまごじる ちくわのいそべあげ ごぼうサラダ(ごまドレッシング)	ぎゅうにゅう とりにく たまご ちくわ のり	しめじ にんじん こまつな ごぼう **だいこん**	こめ かたくりこ ごまあぶら こむぎこ あぶら ドレッシング	608 23.0
2 火	しょくパン	○	ミートボールのトマトに ほうれんそうとベーコンのソテー フルーツミックス	ぎゅうにゅう にくだんご チーズ ベーコン	**たまねぎ** にんじん トマト パインアップル マッシュルーム とうもろこし りんご キャベツ ほうれんそう みかん	パン じゃがいも	617 23.3
3 水	ごはん	○	ごじる かじきのしょうがやき きりこんぶのいためのに	ぎゅうにゅう ぶたにく だいず あぶらあげ とうふ みそ かじきまぐろ こんぶ さつまあげ	**だいこん** にんじん ながねぎ こんにゃく いんげん	こめ あぶら さとう	600 31.3
4 木	しょくパン	はっこうにゅう	えびのクリームに ポテトサラダ（マヨネーズ） れいとうみかん	はっこうにゅう えび うずらのたまご ぎゅうにゅう なまクリーム ハム	**たまねぎ** にんじん チンゲンサイ きゅうり とうもろこし みかん	パン あぶら こむぎこ バター マカロニ じゃがいも マヨネーズ	596 24.1
5 金	えだまめごはん	○	たなばたスープ たなばたゼリー とうふハンバーグのわふうソースかけ キャロットサラダ（ソイドレッシング）	しらす ぎゅうにゅう なると とうふハンバーグ	えだまめ にんじん こまつな ながねぎ **だいこん** キャベツ きゅうり	こめ こめこマカロニ あぶら さとう かたくりこ ドレッシング ゼリー	616 22.9
8 月	ごはん	○	わかめスープ とりにくのみそづけやき きんぴらごぼう	ぎゅうにゅう わかめ とうふ とりにく みそ ぶたにく あぶらあげ	**たまねぎ** にんじん ほししいたけ ごぼう こんにゃく	こめ あぶら ごまあぶら さとう ごま	636 26.8
9 火	ごはん	○	マーボードーフ やきシューマイ（２） コーンサラダ(ちゅうかドレッシング)	ぎゅうにゅう ぶたにく とうふ みそ シューマイ	**たまねぎ** にんじん ながねぎ にら キャベツ とうもろこし	こめ あぶら さとう かたくりこ ごまあぶら ドレッシング	648 27.9
10 水	しょくパン(２)	○	たまごスープ コロッケ（ソース） フルーツヨーグルト	ぎゅうにゅう とりにく たまご ヨーグルト	パセリ **たまねぎ** にんじん しめじ チンゲンサイ みかん りんご パインアップル	パン コロッケ あぶら	581 21.5
11 木	ごはん	○	とりごぼうじる さけのゆかりやき ひじきのいためのに	ぎゅうにゅう とりにく あぶらあげ とうふ みそ さけ ひじき ぶたにく さつまあげ	にんじん こんにゃく **だいこん** ごぼう ながねぎ いんげん	こめ あぶら さとう	609 29.6
12 金	むぎごはん	○	なつやさいカレー きのこのソテー れいとうみかん	ぎゅうにゅう ぶたにく チーズ ウインナー	**たまねぎ** にんじん なす しめじ ピーマン キャベツ えのきたけ マッシュルーム みかん	こめ むぎ あぶら じゃがいも ルウ	667 20.5
16	ごはん	○	ごまいりみそしる ぶたにくのあまからに	ぎゅうにゅう とうふ あぶらあげ みそ ぶたにく	ごぼう にんじん だいこん ながねぎ **たまねぎ** メロン	こめ ごま あぶら さとう	590

ポイント

■子どものアレルゲンとアレルゲンごとの子どもへの影響を把握しておくことが大切。
■献立表を危機管理のための情報ツールとして位置づけなおす。

●32分間、症状が出なかったのか？

では、調布市の事故を時間経過にしたがって見ていきましょう。

この学校の給食の時間は、12時15分から12時55分。子どもがおかわりの「じゃがいものチヂミ」を食べたのは12時50分であることを担任が確認しています。

子どもが「気持ち悪い」と担任に訴えたのが13時22分。

担任は、「大丈夫か？」と声をかけた後、養護教諭を呼びに行くようほかの児童に依頼しました。担任は子どものランドセルからエピペンを取り出し、「これ打つのか？」と子どもに尋ねましたが、「ちがう、打たないで」と言われたため、打つのをやめました。教室に着いた養護教諭は子どもの様子を見て、担任に救急車を要請するように伝えました。担任は電話を掛けるために子どものそばを離れます。養護教諭は誤食後の刻々と変化する症状を知らず、「トイレに行きたい」という子どもの要求に応えて子どもをおぶってトイレに連れていきます。

　校長先生がエピペンを打ったのが13時36分でした。

　これが「調布市立学校児童死亡事故検証結果報告書」（調布市教育委員会、２０１３年）から抜粋した時間経過です。おかわりを食べた時点からエピペンを打つまで46分経っていたことがわかります。

　教育委員会からの報告や新聞記事などで時間経過を見た、何人かの医師から疑問の電話が寄せられました。医師からの疑問は、32分経過してから子どもが症状を訴えたという点にありました。

「即時型のアレルギー症状を起こす人は、普通は5分とか15分とか早い段階で症状が出始め、だんだん変化して重い症状になっていきます。最初は咳込む、のどに違和感がある、のどがかゆい、口の中がぴりぴりするといった違和感を訴えたり、身体のかゆみを訴えたりするうちにじん麻疹が出始めるといった経過をたどる例が多くあります。もっと前になんらかの自覚症状があったのではないかと思うのですが、そういう情報は聞いていませんか？」といった照会でした。

　何が起こったのか、事故の再発を防止するには、もっとくわしい経過を公表する必要があるという医師の強い思いが伝わってきました。

　私も事故報告に接したとき、食べてから32分も症状が出ないのは変だなと感じていました。

　私自身も食物アレルギーがあり、親族にも患者がいるので、体験的にも理解していますし、親族の急性症状を何回か目撃しています。そのときのことを思い起こしてみると、食べてから割と早いタイミングで「のどが変」「口の中が痛い」「身体がもぞもぞする」といった予兆のような症

写真❶　気管支拡張用の吸入器

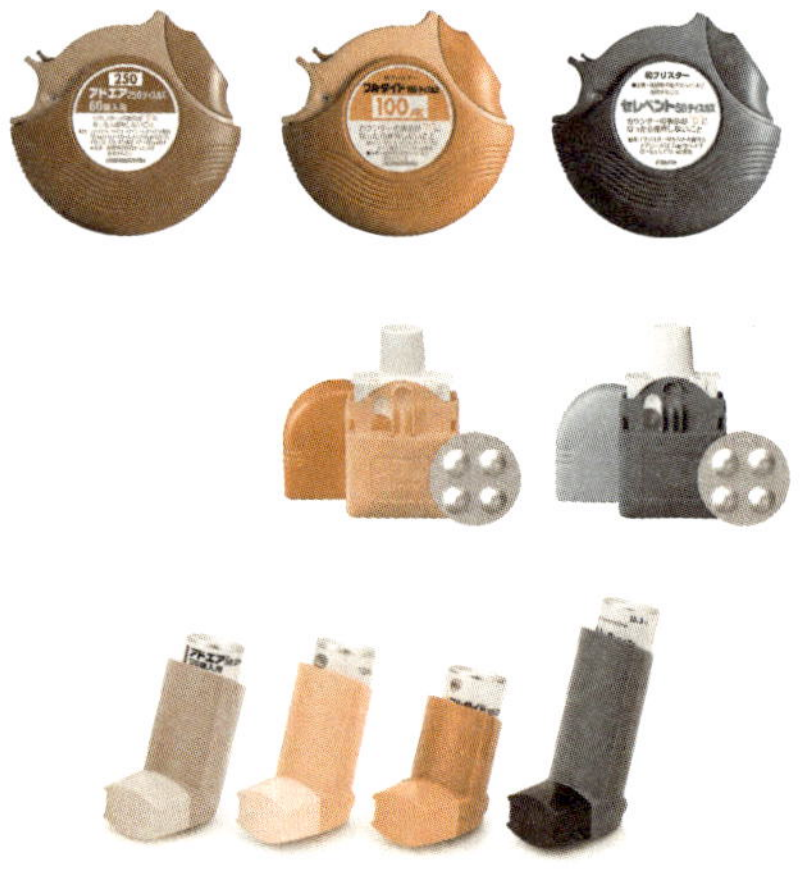

写真提供：ファイザー株式会社

状が出ていました。

調布市教育委員会がまとめた事故報告書でも、「気持ちが悪い」と子どもが訴える前に、子どもは自分でぜんそくの気管支拡張用の吸入器（写真❶）を使ったことが書かれていました。

じつは、私も気管支拡張用の吸入器をカバンに入れていて、苦しいとき、緊急のときには吸入をしています。もう何十年もやっていますから、患者の習性で、わざわざ周りに「苦しい」と言ったりはしません。苦しくなったら、トイレに行くふりをしてシュッとやったり、席を立てないときや、みんなといっしょのときなどには、人から見えないように後ろを向いてシュッとやるくせがついています。

ぜんそくがある人は、子どもでもそういう使い方をする人が多いのではないかと思います。吸入薬は深呼吸をしながら吸い込む必要がありますから、患者は深呼吸ができなくなる前に吸入しなければいけないという意識を強くもっていると思います。いま吸入しないと後でもっと悪化するだろう、深呼吸ができなくなるとたいへんと思ったときに、自分で判断して吸入しているのです。

亡くなった子どもは、「苦しさ」を感じたとき、担任に「苦しい」と訴えることなく、自分で判断して吸入器を使っていたのだと思います。ぜんそく発作の息苦しさと食物アレルギーの症状

写真❷　エピペン

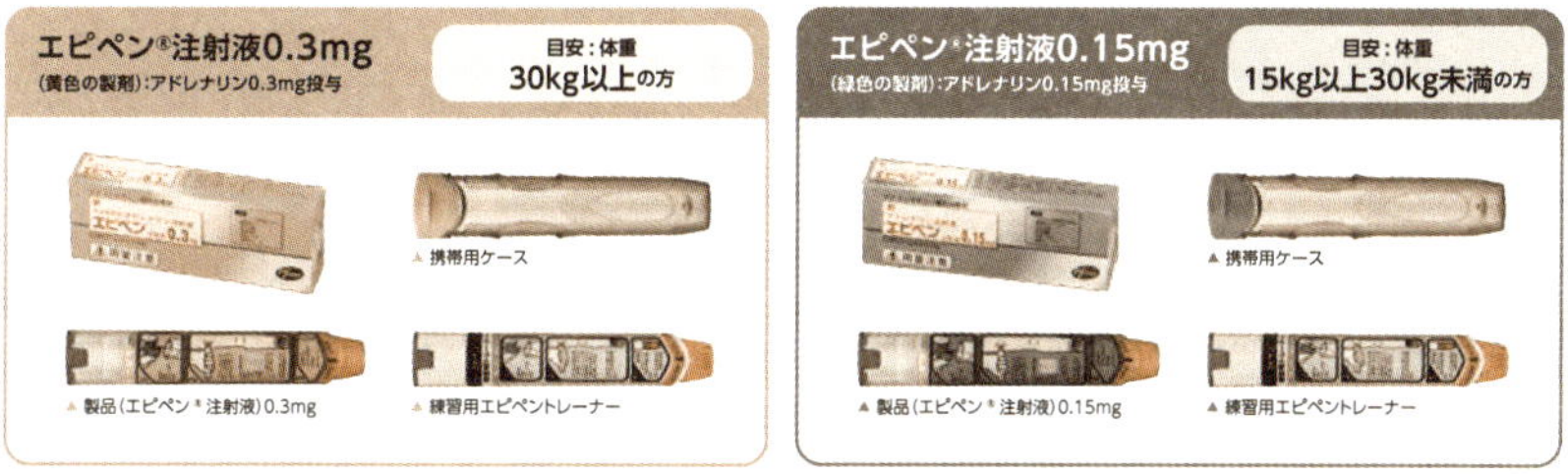

エピペンは、アナフィラキシーの症状が出たときに使用する自己注射剤です。体重に合わせて２種類から選びます。
アナフィラキシーとは、短時間に全身に症状が出る激しい急性のアレルギー反応のことです。命が危険な状態になることがあります。

写真提供：ファイザー株式会社

としての息苦しさは医学的には違うのかもしれませんし、体感的にも異なるのかもしれませんが、本人にも区別はつかないと考えるべきだと思います。

　このことから、「食後に症状が起こったら、どんなことでも必ず担任の先生に言おうね」と子どもに親が意識づけをしなければいけないということを学びました。同時に、担任にもそのことを理解してもらう必要があります。これは安全管理のためにとても重要なことです。

　また、継続して同一人物（大抵の場合担任）が子どものそばにいる必要があります。症状はあっという間に変化します。一貫して症状の変化を見ていれば、仮に医師と連絡が取れていなくても、エピペン（写真❷）の講習を受けたり、緊急時の対処について日頃から保護者と話し合っていれば、エピペンを使うことに躊躇《ちゅうちょ》はしなかったと思います。

ポイント

- ■保護者は、食後にいつもと違うと感じたら、すぐに担任に伝えるように日頃から子どもに指示しておく。
- ■保護者は、食後の子どもからの訴えに注目するよう担任に伝え、緊急時の対処を意識づける。
- ■必ず同一人物が子どものそばにいて、症状の変化を把握する。

●エピペンを使う判断ができなかった

事故の経過報告では、「気持ちが悪い」と子どもが担任に訴えたときに、担任は「エピペンを打とうか」と本人に確認しています。担任は自分では判断できないので思わず子どもに聞いてしまったのでしょう。慌てていたにしても、子どもに判断を仰いで行動を決めたのは間違いだったと思います。

子どもに尋ねたときに、すぐさま主治医に確認することができていれば、事態は違っていたと思います。緊急時には主治医に直接連絡できる方法を確保することが重要です。

ポイント

■担任は、主治医に直接つながる電話番号をいつでも使えるように教室に貼ったり、携帯電話に登録させておく（病院の電話番号ではなく、医師の携帯番号を緊急時用として確認することが大事）。

■緊急時にエピペンを使えるように学校内で講習会を開き、学校内における緊急時対処について話し合いをしておく。

■エピペンを使って症状が軽快した場合でも、必ず救急車を呼び医師の治療を受ける。

第4章

誤食したときの緊急対応——エピペン講習とシミュレーション

毎日注射する必要があるI型糖尿病用のインスリン注射は、痛みをできるだけ少なくするように非常に細い注射針が使われています。しかし、エピペンは緊急時に服の上からも使えるように、太い針が使われています。ジーンズも貫いてしまうほどですから、1度でも使ったことがある人なら、2度と使いたいとは思わないほど痛い注射だと指摘する人もいます。

エピペンは、誤食が判明してから10分以内に使う必要があると言われています。アレルギー症状が出ているけれど、誤食かどうかわからないとか、エピペンを使うべきかどうか判断がつかないときは、いち早く主治医に連絡をして状況を説明し、判断を仰ぐ必要があります。

担任であっても教室内には携帯電話を持ち込めない学校もあると聞きます。緊急時対処用に電源を切った携帯電話を常に身につけておくことを検討してください。

●誤食したときの3つの緊急対応

万が一、誤食したときには、以下の3つのことを即座に実行しなければなりません。

①症状のある子どもから絶対に目を離さない。養護教諭や教頭、校長を近くにいる子どもに呼びに行かせる
②主治医に連絡して指示を仰ぐ
③救急車の手配と保護者に連絡する

多くの場合、発症に最初に気づくのは担任ですが、子どもを放置して自分が人を呼びに行ってはいけません。近くにいる子どもに頼んで養護教諭や教頭、校長を呼びに行かせます。救急車の手配や保護者への連絡が必要になりますので、1人の先生では対処できません。

体調の変化に気づいた時点で、すぐに主治医に連絡して判断を仰いでください。エピペンを使うタイミングの見きわめがむずかしいときは、「様子を見る」ことをせず、主治医に聞くことを選択してください。医師と連絡がとれないときや誤食だとはっきりわかっているときは、迷わずエピペンを使いましょう。

●事故に対応する体制

実際の事故を想定して、誰が何をするのかあらかじめ任務分担しておくことが重要です。対応するおとなが3人は必要です。緊急に3人の教員が動くのは、容易なことではないと思いますが、それをやらないと子どもの命が助からないという強い思いを持って取り組んでほしいと思います。

誤食した時点から10分以内にエピペンを使い、45分以内に医師が治療をスタートできることが基本と考えましょう。この45分というタイムリミットを念頭に置いて学校内の体制を整え、実地訓練をする必要があります。

訓練の実施は、現実的にはなかなかむずかしいと感じる方が多いと思いますが、たとえば、子どもが鉄棒から落ちてケガをする、心臓病や腎臓病などの持病がある子どもがいるなど、どの学校でも救急車を呼ぶなどの緊急時を想定しているはずです。緊急時の対応は、食物アレルギーでも、ほかの事故でも共通している部分があります。食物アレルギーのみならず、「危機管理」の体制を決め、実地訓練をおこなうことは、どこの学校でもやっておくべきことではないでしょうか。

●エピペン注射の講習

最近、多くの学校でエピペンの講習会がおこなわれています。おこなっていない学校では、地域の医師会、子どものかかりつけ医、ファイザー（エピペン販売元）、校医などと連絡を取り合って、講習会を開いてください。アレルギーについて学び、エピペンを使う際の介助の方法、救急車を待つ間の子どものケアなど、基本的な事項が説明されます（図7）。

講習の内容を実際に役立つものにするためには、教職員同士の共通理解や連携の方法を話し合い、学校の実情に応じたシミュレーションをおこない、実際に機能する体制を作り上げておくこ

図❼ エピペン注射の使い方

1 準 備

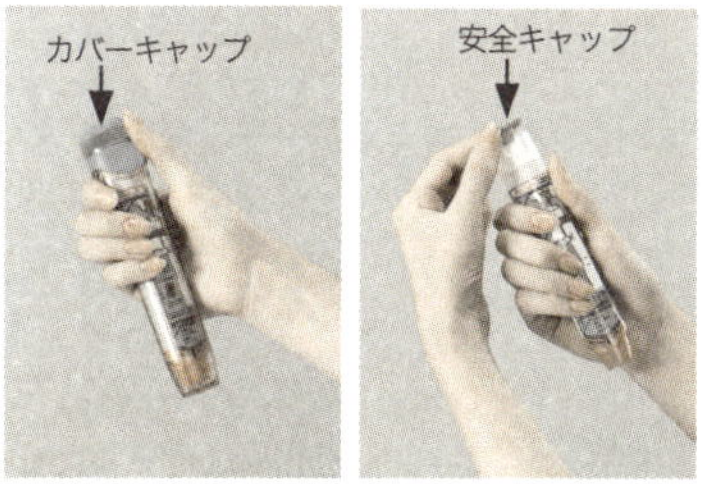

携帯用ケースのカバーキャップを指で押し開け、エピペンを取り出します。オレンジ色のニードルカバーを下に向けて、エピペンのまん中を片手でしっかりと握り、もう片方の手で青色の安全キャップを外し、ロックを解除します。

2 注 射

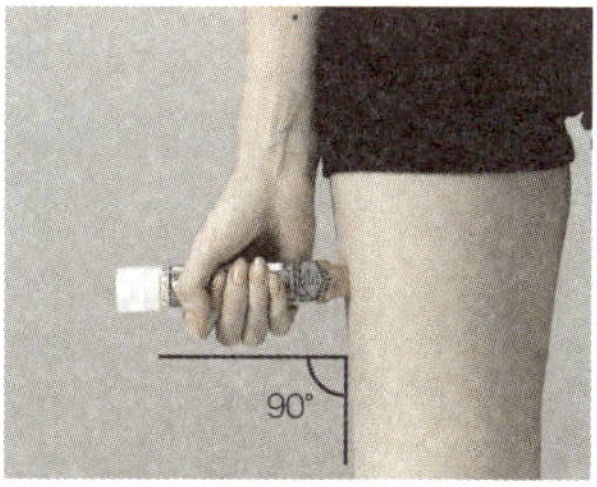

エピペンを太ももの前外側に垂直になるようにし、オレンジ色のニードルカバーの先端を「カチッ」と音がするまで強く押し付けます。太ももに押し付けたまま数秒間待ちます。エピペンを太ももから抜き取ります。

3 確 認

注射後、オレンジ色のニードルカバーが伸びているかどうかを確認します。 ニードルカバーが伸びていれば注射は完了です（針はニードルカバー内にあります）。

4 片付け

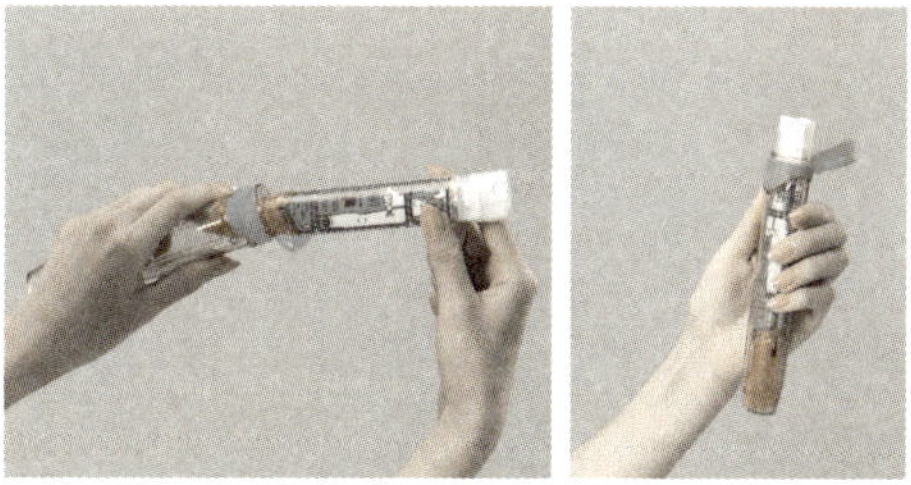

使用済みのエピペンは、オレンジ色のニードルカバー側から携帯用ケースに戻します。

写真提供：ファイザー株式会社 「エピペンの使い方、かんたんハンドブック」より
http://www.epipen.jp/teacher/

写真❸　エピペンの講習会の様子

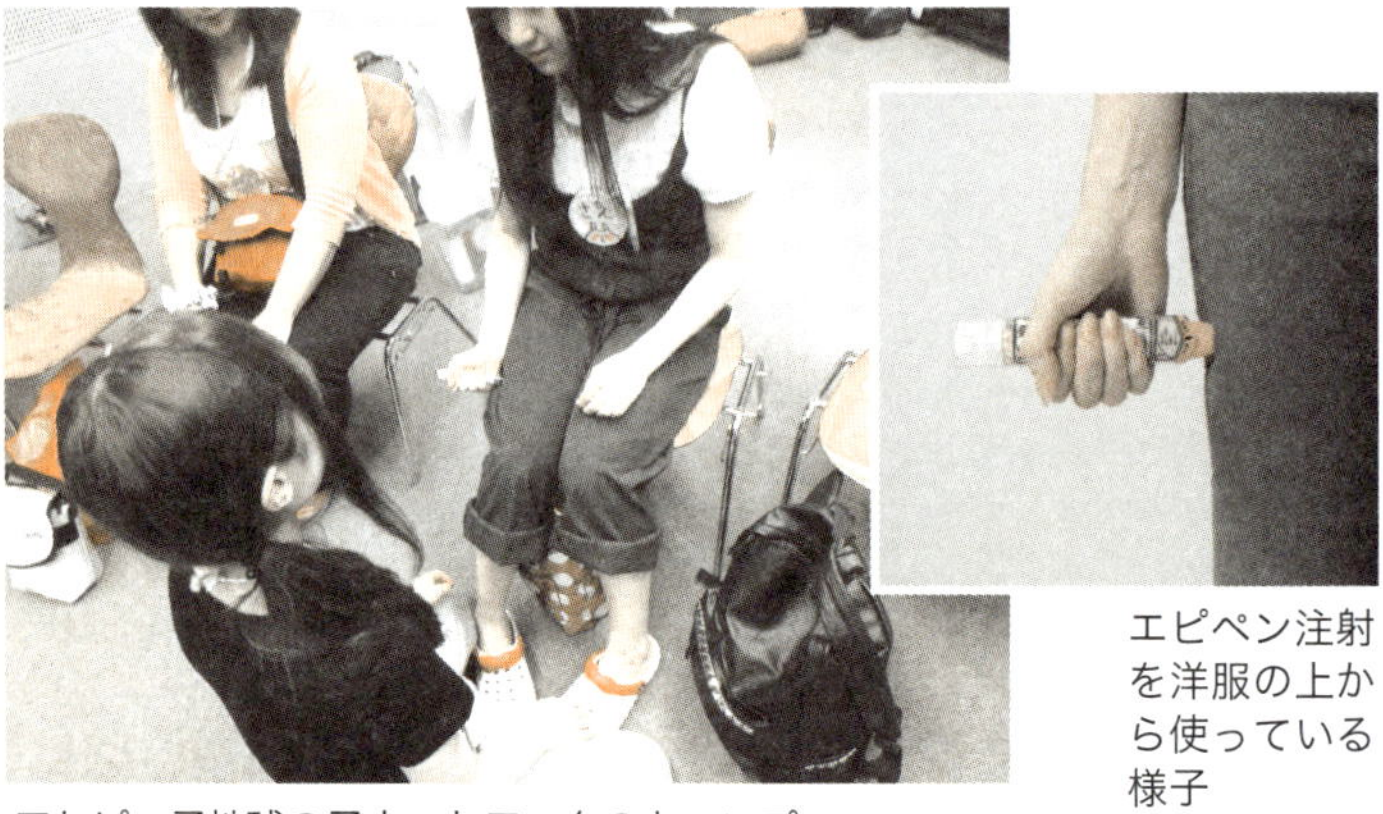

アトピッ子地球の子ネットワークのキャンプボランティアの講習風景

エピペン注射を洋服の上から使っている様子

とが大切です。主治医や病院・学区の消防署との連携など、学年や担任が代わるたびに引き継いでいかなければならない事柄です。

ポイント

- ■発症している子どもから目を離さない。
- ■同時に救急車手配と保護者への連絡が必要。
- ■1人の人がいっぺんに緊急措置をこなすのは無理。
- ■担任以外のおとなが複数動けるように、緊急時対処のシミュレーションと訓練をする。
- ■エピペンの講習会を実施する（写真❸）。

私たちのもとに寄せられる電話相談や聞き取り調査では、エピペンを処方されていても誤食したときエピペンを使うべきかどうか躊躇してしまい、結局、エピペンを使えなかったと話す患者さんが非常に多い現状があります。

学校職員を対象にした「エピペン講習会」では、食物アレルギーによる発症だと気づいたらすぐにエピペンを使うように指導されます。そのことに異論はないのですが、実際には二の足を踏む人があまりに多いのです。「迷っている時間があったらまず主治医に電話して判断を仰ぐ」「同時に救急車を呼ぶ」という指示を徹底したり、医療関係者とのネットワーク作り、校内でのシミュレーションと実地訓練の開催などが必要なのではないかと思います。

●学校給食　誤食したときの緊急対応よい例

❶子どもが誤食をし、のどに違和感を感じています

❷担任はレジャーシート（またはバスタオルや毛布など）を敷き、子どもを寝かせます
子どもにいまどのような状態か質問します

❸担任は、かかりつけ医に連絡します
（子どものランドセルやロッカーなどエピペンのある場所を日頃から申し合わせておき、担任が取り出せるようにしておく）

❹子どもたちに養護の先生や他のクラスの先生を呼びに行かせます

❺先生方はそれぞれ手分けし、救急隊や保護者など関係箇所へ連絡をとります

【注意】子どもが長ズボンなら服の上から、半ズボンならズボンをたくし上げて素肌に直接押し当て「カチッ」と音がするまで押しつけます。

❻子どもは動かさずに教室（または廊下）に顔を横向きに寝かせます
担任は、子どもの足を両膝ではさむような姿勢になり、手の平を上に向けるような角度で、太ももの少し上の側面にエピペンを使います
もう１人の先生は、エピペンを使った時間や子どもの様子を記録します

❼血圧対策のために、防空頭巾、座ぶとん、体育着の入った袋などを丸め子どもの足の下に入れ足を高くします

❽他の子どもたちが動揺しないよう着席させます

❾救急車が到着したら、搬送がスムーズにおこなえる場所に誘導します

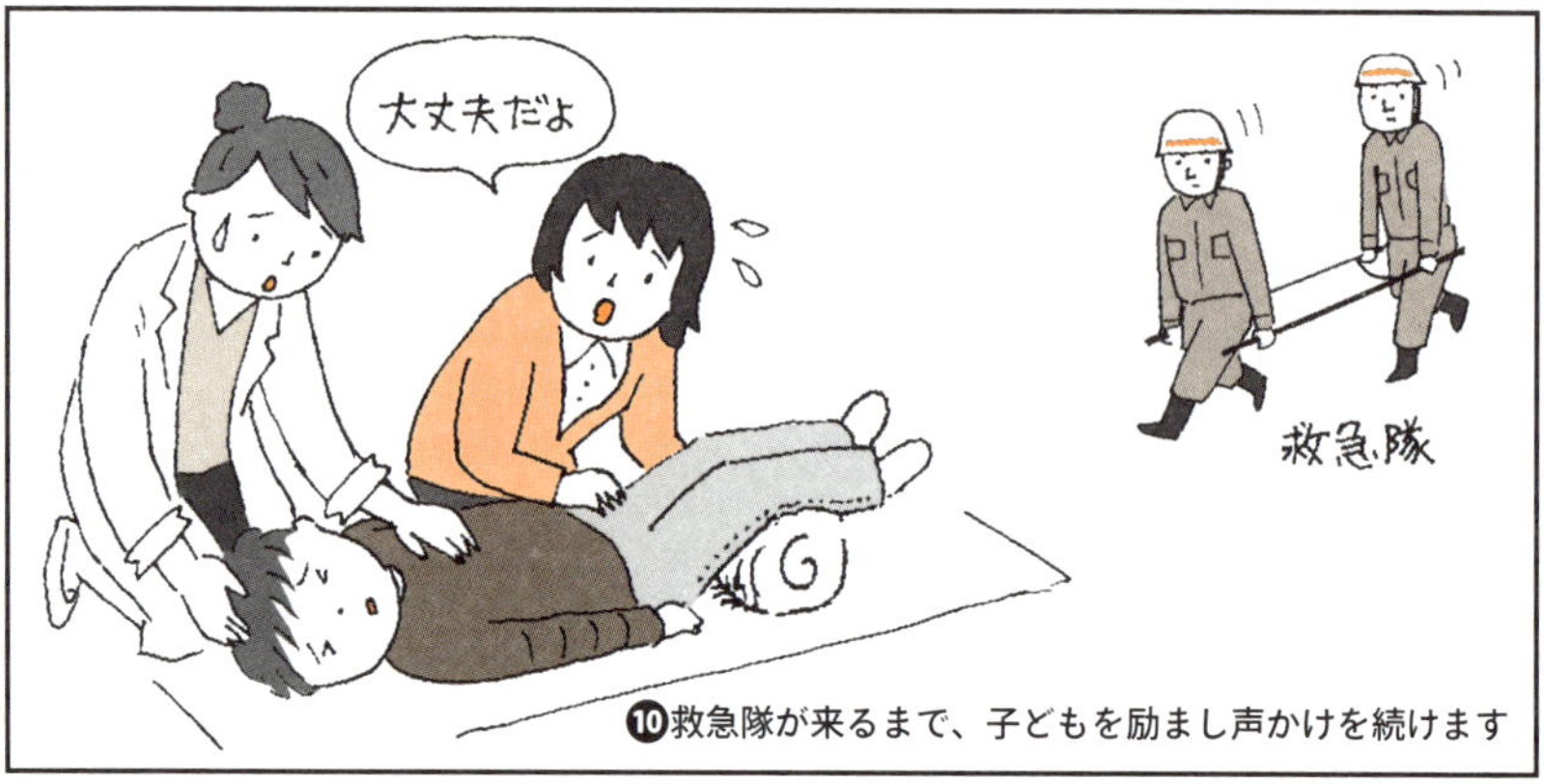

❿救急隊が来るまで、子どもを励まし声かけを続けます

コラム

食物アナフィラキシーの既往がある子どもの学校での対応

神戸医療生活協同組合
いたやどクリニック院長　木村彰宏

２０１２年12月に調布市で起きた誤食による死亡事故は、学校の先生方だけでなく食物アレルギーを専門とする医療者にも大きな衝撃を与えました。

その後、食物アナフィラキシーの診療に携わりながら、学校の先生方と懇談したり各地で講演をおこなっていますと、いくつかの変化を感じます。１つには、エピペンの処方例が急速に増えてきたことです。２つには、学校の先生方が食物アナフィラキシーに取り組もうとされる姿勢が大きく前向きに変化してきていることです。

不幸な事件をくり返さないためには、あらゆる手立てを考えて実践し続けることが、私たちおとなの務めです。ここでは「食物アナフィラキシーを起こしたことがある子どもが通学するときに、学校はどのような対応を必要とするのか」について考えます。

Ⅰ 食物アナフィラキシーの正しい理解

①食物アレルギーとは

食物アレルギーとは、「原因食物を摂取した後に、免疫学的機序を介して生体にとって不利益な症状（皮膚、粘膜、消化器、呼吸器、アナフィラキシー反応など）が起る現象をいう」（『食物アレルギー診療ガイドライン２００５』、２００５年）と定義されています。わかりやすく言いかえますと、「まわりのみんながおいしく普通に食べて栄養になる食べ物が、ある人にだけ身体に合わないでいろいろな症状が出てしまう病気で、アレルギーが関係している」となります。

食物アレルギーは、食べてから症状が出るまでの時間の違いで、（ア）ゆっくりと症状が出るタイプ（非即時型）と、（イ）すぐに症状が出るタイプ（即時型）の2つのタイプに分けることができます。（ア）非即時型の代表的な疾患は、アトピー性皮膚炎です。（イ）即時型の代表的な疾患は、食物アナフィラキシーです。

②即時型食物アレルギーとは

即時型食物アレルギーは、食べてから120分以内に症状が出るタイプをいいます。これには、じん麻疹だけ、腹痛だけ、ぜんそく発作だけなど症状が身体の1カ所に留まるタイプと、アナフィラキシーのように、症状が身体の2カ所以上に拡がるタイプがあります。

③食物アナフィラキシーとは

食物アナフィラキシーとは、「アレルギー反応により、じん麻疹などの皮膚症状、腹痛や嘔吐などの消化器症状、ゼーゼー、息苦しさなどの呼吸器症状が、複数同時にかつ急激に出現した状態」（厚生労働省「保育所におけるアレルギー対応ガイドライン」、2011年）と定義されています。わかりやすく言いかえますと、「アレルギーのために、身体の2カ所以上のいろいろな場所に、同時に急速に症状が出る病気」となります。食物アレルギーとの違いは「身体の2つ以上に」「症状が急速に」という2つの点です。

④アナフィラキシーショックとは

アナフィラキシーショックとは、「食物アナフィラキシーの中でも、血圧が低下し意識レベルの低下や脱力を起こすような場合を、とくにアナフィラキシーショックと呼び、ただちに対応しないと生命にかかわる重篤な状態」（同右）と定義されています。わかりやすく言いかえますと「アナフィラキシーの最重症タイプで、呼吸困難や血圧が低下し、意識もおかしくなってくる状態で、すぐにエピペンを使うなどの手当てを施さないと、生命があぶない状態」となります。

⑤食物アレルギーにかかわる言葉どうしの関係

これまで、①食物アレルギー、②即時型食物アレルギー、③食物アナフィラキシー、④アナフィラキシーショックについて説明しましたが、この4つの言葉の関係を整理してみます。

①食物アレルギーには、非即時型と、即時型とがあります。

②即時型食物アレルギーには、症状が身体の1カ所に留まるものと、2カ所以上に拡がるもの（食物アナフィラキシー）とがあります。

③食物アナフィラキシーには、緊急薬等でただちに対応すれば回復可能なタイプと、エピペンをすぐに使わないと生命が危なくなるタイプ（アナフィラキシーショック）とがあります。

④アナフィラキシーショックは、いわゆるショック状態で食物アレルギーの最重症タイプです。

⑥速やかな対応が必要なレベルの子ども

食物アレルギーの中で、④アナフィラキシーショックは、ただちにエピペンを使用して救急搬送が必要なレベルです。過去に1度でもアナフィラキシーショックの既往がある子どもは、誤食にてアナフィラキシーショックが再現される危険性が高く、日常から症状出現時の危機管理が必要です。③食物アナフィラキシーは、ショックのレベルに比べるとまだ落ち着いて対応できるレベルです。しかし、早ければ5～20分以内にショックレベルに症状が移行することがあり、症状出現時の対応の準備が必要なレベルの子どもです。

学校で救急時の危機管理が必要な子どもは、アナフィラキシーショックを起こしたことがある子どもだけではなく、食物アナフィラキシーの既往がある子どもも危機管理が必要な対象だと考えます。

Ⅱ エピペンの処方基準

エピペンはどのような子どもに処方されるのでしょうか。全国的な処方基準はまだ作られていませんが、筆者は次の諸点に該当する子どもに処方をおこなっています。

①過去数年以内に誤食により食物アナフィラキシーの既往がある子ども

②食物負荷試験の陽性閾値《いきち》が極めて低く、除去食療法を継続している子ども

③経口免疫療法をおこなっている途中で頻回に食物アナフィラキシーが再現される子ども

④アレルギー検査値が極めて高値を示す子ども（とくにHRTがクラス4の場合）

⑤食物アレルギーに合併している気管支ぜんそくのコントロールが不良な子ども

⑥新入学、新入園などを間近に控えている食物アナフィラキシーの既往がある子ども

⑦海外旅行や宿泊訓練に参加する食物アナフィラキシーの既往がある子ども

①～④に該当する子どもは、食物アレルギーそのものが重症な子どものグループで、誤食により食物アナフィラキシーが再現されやすいグループです。

⑤の気管支ぜんそくを合併し、そのコントロールが不良な場合には注意が必要です。後述しますが、食物アナフィラキシーの症状の中で、気管支ぜんそく発作、喉頭浮腫、血圧低下はもっとも緊急対応を要する致死的な症状と考えられています。

⑥、⑦は、子どもが従来と違った環境におかれる場合のエピペンの社会的な処方です。新入学は、安全に管理された家庭での食事から集団対応が原則の給食を食する機会です。また海外旅行や宿泊訓練は、配慮された集団給食から、食習慣や食文化が大きく異なる食事を摂る機会です。いずれの場合も誤食事故が起きやすい状況に子どもがおかれます。

このように、エピペンを携帯して登校する子どもは、「食物アナフィラキシーが再現されやすく、十分な危機管理が必要な子ども」であるという医療者からのメッセージであると認識してください。

Ⅲ 子ども1人ひとりの特徴を把握すること

危機管理は、どの子どもにも共通した対応策と、その子どもの特徴に応じた対応策に分かれます。子どもの特徴は診断書に記載されていますが、不明瞭な点は保護者から直接聞き取ることが大切です。

食物アナフィラキシーの既往がある子どもに対応するときに、押さえておきたい基本的な情報は次の①～④です。

食物アナフィラキシーの既往がある子どもに対応するときに押さえておきたい基本的な情報

①食物アナフィラキシーのエピソード

- いつ頃起きたエピソードなのか
- 始まりの症状は、その後の症状の拡がりは
- アナフィラキシーショックまで移行したのか
- どのように対応したのか（経過観察、緊急薬服用、エピペン使用、救急受診など）をできれば時間経過を詳細に

②エピペン所持の有無

- エピペンは何本処方されているのか
- 学校に携帯して登校する予定なのか

③誤食状況と原因食物

- 誤食が起きた場所と状況
- 発症の誘因となった刺激（運動や入浴、寝不足、疲れなど）
- 可能性がある食物、飲料を具体的にあげる（子どものまわりに置かれていた食べ物など）
- もっとも疑われる原因食物は
- 診断に至った根拠は（誤食状況から、血液検査で、経口食物負荷試験の結果から）

④家庭での食事状況（摂取できる限界量と献立上の工夫）

- 「食べ慣らし」実施の有無
- 普通に食べている食事量の上限
- 献立の工夫など

Ⅳ 食物アナフィラキシーが起きたときの危機管理

①初期の段階で見つける重要性

食物アナフィラキシーの既往がある子どもへの対応策を立てるうえで、子どもの小さな変化に担任が気づくことが大切です。

子ども自身に求められることは、自分の身体に起きた小さな体調の変化に気づいたなら、担任にすぐに伝えて、担任といっしょに確かめていくことです。

担任に求められるのは、子どもの訴えに耳を傾け、ていねいに相談に乗ることです。

また、風邪や運動後などの機会をとらえて、子ども自身が自分の体調の変化を言葉でおとなに伝える練習をする手助けをすることです。

子どもが体調不良を訴えたり、担任が子どもの体調不良を感じとったときには、すぐに食物アナフィラキシーにあてはまる症状が2つ以上起きていないか聞き取ります。口の違和感、腹痛、かゆみ、息苦しさ、ふらつき、意識状態などを担任の側から具体的に質問し、「2つ以上の症状の確認」=「食物アナフィラキシーが起きている状況」と認識します。子どもの訴えや症状の進行を待つのではなく、「攻めの聞き取り」をすることが、食物アナフィラキシーに早期に気づくための出発点です。

②学校でできる初期の手当て

食物アナフィラキシーと認識したときには、「子どもを動かさない」ことが原則です。すぐに養護教諭に連絡をとり、その場で携帯している緊急薬（ステロイド薬、抗ヒスタミン薬など）を服用させます。

保健室に移動させる余裕があるときには、「子どもを歩かさない」ことが原則です。おんぶや抱っこをして、移送させるときには、子どもの頭を挙上させないように可能な限り「水平抱き」して移送させます。

保健室では、

- 下肢を少し挙上させ頭を少し低くして寝かせ

る（ショック体位）

- 誤飲しないように顔は横にむける
- 嘔吐した場合には、身体の汚れをふいて皮膚からの食物の再吸収を避ける
- 保温に努める
- 呼吸を楽にする（胸をはだける、携帯酸素を吸わせる）

などの手当てをおこないます。

食物アナフィラキシーの重症度評価表（表①）などを参考にして重症度を確認し、改善が見られないときには緊急薬を再度服用させ、緊急搬送の準備をおこないます。エピペンを携帯している子どもであれば、エピペンを手元に取り寄せ、いつでも使える準備をします。

③医療機関につなぐこと

学校は、食物アナフィラキシーを治療する場所ではありません。食物アナフィラキシーが起きていると判断したら、「医療

表①　食物アナフィラキシーの重症度評価表

Grade（重症度）		Ⅰ（軽症）	Ⅱ（中等症）	Ⅲ（重症）
皮膚症状	赤み・じんましん	部分的・散在性	全身性	同左
	かゆみ	軽いかゆみ	強いかゆみ	同左
粘膜症状	口唇・まぶた・顔	部分的な腫れ	顔全体の腫れ	同左
	口腔内の違和感	口・喉のかゆみ 口・喉の違和感	強い喉の痛み	締め付けられる感覚 声がれ・飲み込みづらさ
消化器症状	腹痛	我慢できる腹痛	明らかな腹痛	我慢できない強い腹痛
	嘔吐・下痢	嘔気・単回の嘔吐	複数回の嘔吐・下痢	繰り返す嘔吐・下痢
呼吸器症状	鼻汁・鼻閉・くしゃみ	認める	同左	同左
	せき	時々咳がでる	連続する咳	犬の遠吠え オットセイの鳴き声様の咳
	喘鳴・呼吸困難	―	軽い息苦しさ	ゼイゼイする呼吸 息が苦しい
循環器症状	脈拍・血圧	―	顔色が蒼白い	脈が不規則 唇や爪が白い・紫色
神経症状	意識状態	やや元気がない	明らかに元気がない 横になりたがる 眠け	ぐったり・不穏・恐怖感・意識もうろう・失禁
頓服（ステロイド薬＋抗ヒスタミン薬）		内服	内服	内服
救急受診		電話相談	救急受診	救急車要請
エピペン		―	使用準備	使用

（今井孝成「アナフィラキシー」全国養護教諭サークル協議会編『保健室』149号、2010.8，p 3-11）

機関にすぐに搬送する」ことが原則です。

救急隊に「食物アナフィラキシーが起きている子どもがいます」と、正確に伝えます。緊急搬送に備えて、次のような事項を事前に準備しておくとよいでしょう。

- 救急隊に伝えるべき内容を整理した連絡表の作成
- 救急隊との事前協議（救急車の進入経路や到着までの予測時間、エピペンを救急隊員が使用してくれるのかなど）
- 受け入れ先の医療機関への連絡
- 保護者や主治医への連絡方法

④エピペンを使うタイミング

食物アナフィラキシーが起きたときに、どの症状レベルでエピペンを使えばよいのかという判断基準が作られています（表②）。

表②　一般向けエピペンの適応（日本小児アレルギー学会）

エピペンが処方されている患者で
アナフィラキシーショックを疑う場合、
下記の症状が一つでもあれば使用すべきである。

消化器の症状	・くり返し吐き続ける ・持続する強い（がまんできない）おなかの痛み	
呼吸器の症状	・のどや胸が締めつけられる ・犬が吠えるような咳 ・ゼーゼーする呼吸	・声がかすれる ・持続する強い咳込み ・息がしにくい
全身の症状	・唇や爪が青白い ・意識がもうろうとしている ・尿や便を漏らす	・脈を触れにくい、不規則 ・ぐったりしている

当学会としてエピペンの適応の患者さん・保護者の方への説明、今後作成される保育所（園）・幼稚園・学校などのアレルギー・アナフィラキシー対応のガイドライン、マニュアルはすべてこれに準拠することを基本とします。

（日本小児アレルギー学会アナフィラキシー対応ワーキンググループ、2013）

エピペンを使うタイミングとして13の症状があげられていますが、大きく次の3つの症状に分けることができます。

- **我慢できないくらいの強い腹痛、くり返す嘔吐**
- **強い咳き込み、息苦しさ、呼吸困難**
- **ぐったり、意識低下、尿・便の失禁**

これらの症状が「1つでも」見られたら、ただちにエピペンを使用します。

V 食物アナフィラキシーを起こさない危機管理

食物アナフィラキシーが起きたときの最大の危機管理は、逆説的な表現をすれば、食物アナフィラキシーを起こさない取り組みを徹底してやりきることです。

学校での誤食事故防止と言うと給食の対応が重視されがちですが、誤食事故は配膳間違いや教室内での接触事故から起きることも忘れてはなりません。このように、食物アナフィラキシーを起こさない危機管理は、広い視野に立ち点検されることが求められます。

①誤食を防ぐ取り組み

食物アナフィラキシーの既往がある子どもに、除去食や代替食を提供されることがあります。しかし除去食や代替食には、食材の調達時や調理場面での食物抗原混入の危険性がつねに考えられます。また、まわりの子どもが普通食を食べている教室の中で、食物アナフィラキシーの既往がある子どもだけがアレルギー対応の別献立を食べているという状況は、配膳間違いなどによる誤食が起きる危険性がつねに考えられます。

調布市の誤食事故を受けて、食物アナフィラキシーの既往がある子どもだけを別室で食べさせたり、お弁当の持参を強要したりするなど、およそ教育的とは言えない後ろ向きの対応がとられることがあります。

給食は「みんなといっしょの食事を、みんなといっしょの場所で食べる」ことが本来の教育的な取り組みです。そのためには卵や牛乳など、子どもに多く見られる食物アレルギーの原因食物を使わない食材を選んで献立作りをすることが大切です。筆者はこれを、「ユニバーサル給食」と名づけています。

②教室を安全な空間に保つために

教室内は食べこぼしなどで、つねに食物抗原で汚染されていると考えられます。自治体によってはリサイクル教育の一環として飲み終えた牛乳パックを教室内のバケツで洗浄し、回収する取り組みをおこなっている学校も見受けられます。

教室内を不必要に汚染しないことや、食材や食材容器を教材に使う授業時間での安全面での配慮も求められます。

Ⅵ クラスみんなの力で

食物アナフィラキシーの既往がある子どもには、掃除時間や給食時間にどのような役割を割り当てると安全なのかという配慮が必要です。また、調理実習や野外活動、宿泊訓練などに参加するときには、どのようなイベントには参加させ、どういった場面では無理をさせないといった慎重な検討が必要です。ただ人と違った役割や行動を選択するときには、クラスメイトに理解と納得してもらうことが大切です。

クラスメイトには「いざというときには、先生にすぐに知らせてほしい。先生を助けてほしい」というお願いをしておくことが大切です。

食物アナフィラキシーに限らず急病やけがなどいろいろな場面で「先生に協力してほしい」と子どもたちに伝えることで、「クラスみんなの力で、クラスみんなの安全を守る」クラス作りを目指してほしいと思います。

Ⅶ いざというときに動くことができる研修を

これまで食物アナフィラキシーの既往がある子

どもが通学しているときに、学校ではどのように対応すればよいのかについて考えてきました。

いま、学校の先生方に必要なことは、食物アナフィラキシーに対する正しい知識をお持ちいただくことです。食物アナフィラキシーの早期発見のしかた、初期の対応、救急搬送の手順、エピペンの使い方などを、くり返し学習してください。

しかし、各地でおこなわれている研修会を見せていただきますと、先生方がいざというときに素早く対応できる研修内容なのかと心配になることがあります。

もっとも効果的な研修は、食物アナフィラキシーが起きたときを想定してシミュレート（模擬訓練）することです。

①子ども役の先生が症状を訴え、教師役の先生が「攻めの聞き取り」をおこなう。
②「動かさず」にその場で緊急薬を服用させる。
③許される状態なら「頭を挙上しないように水平抱き」しながら保健室に運ぶ。
④保健室では症状を観察し救急搬送の準備をおこなう。
⑤食物アナフィラキシーショックの徴候が少しでも見られたら、ためらわないでただちに「エピペン」を使用する。

以上の流れに沿って、役割を変えながらくり返し訓練します。練習用エピペントレーナーを実際に手にとって実習することが大切です。時間を測りながら実習することも大切です。

食物アナフィラキシーが起きても正しく対応すれば、大切な命を救うことは十分に可能です。食物アナフィラキシーの正しい理解を深めること、子どもの心に寄り添い、そして準備できることはいますぐ準備すること。

「理解から共感へ、そして実践へ」

子どもたちの安全を守る取り組みに力を尽くしていきましょう。

●アレルギー物質を含む27品目の特定原材料

２０００年に「容器包装された食品の、アレルギー物質を含む特定原材料の表示」（施行は２００１年）が、食品衛生法によって義務づけられたことによって、食品表示をめぐる環境は大きく様変わりしました。

図8を見てください。卵、乳、小麦、えび、かに（アレルゲンとなっている患者が多い食物）、そば、落花生（誤食したときの反応が強く出るため、患者数は比較的少ないが、表示が義務づけられた食物）の７品目が現在特定原材料に指定されています。そのほか、義務ではないができるだけ表示するように推奨された食物が20品目あります（カシューナッツ、ごまは２０１４年９月１日施行）。

厚生労働省の科学研究費によって3年ごとに食物アレルギーのモニタリング調査の結果が報告されています（図9・10）。この調査は、食物アレルギー患者がアレルゲン食物を食べて発症し、病院で治療を受けた実績をまとめたもので、どんな食物がアレルゲンとなっているか、発症者の

図8　アレルギー物質を含む特定原材料

	規　定	名　称	理　由
特定原材料	省令（義務）	卵、乳、小麦、えび、かに	症例数が多いもの
		そば、落花生	症状が重篤であり生命にかかわるため、特に留意が必要なもの。
特定原材料に準ずるもの	通知（推奨）	あわび、いくら、いか、さけ、さば、オレンジ、キウイフルーツ、もも、りんご、バナナ、やまいも、大豆、ごま、牛肉、鶏肉、豚肉、まつたけ、カシューナッツ、くるみ	症例数が少なく、省令で定めるには今後の調査を必要とするもの。
		ゼラチン	牛肉・豚肉由来であることが多く、これらは特定原材料に準ずるものであるため、すでに牛肉、豚肉としての表示が必要であるが、パブリックコメントにおいて「ゼラチン」としての単独の表示をおこなうことへの要望が多く、専門家からの指摘も多いため、独立の項目を立てることとする。

アレルギー物質を含む食品に関する表示Q&Aより作成（消費者庁、2013年）

年齢、初めて食べて発症したものか、誤食によって起こったのかなど、くわしいデータが蓄積されています。

●食物アレルギーの診断

食物アレルギーの診断は、IgEやRASTなどの血液検査が一般的に知られています。電話相談では、血液検査で反応が出た食品をすべて除去しなくてはいけないと思い込み、大慌てをしている保護者からの相談を受けることがあります。血液検査の数値はアレルギー体質かどうかのおよその目安にしたり、特定のアレルゲンに対する免疫の抗体量を見て反応性を推測するもので、いずれも診断の際の参考にするものです。血液検査の結果だけで「食物アレルギーだからアレ

図❾　食物アレルギーの原因食物

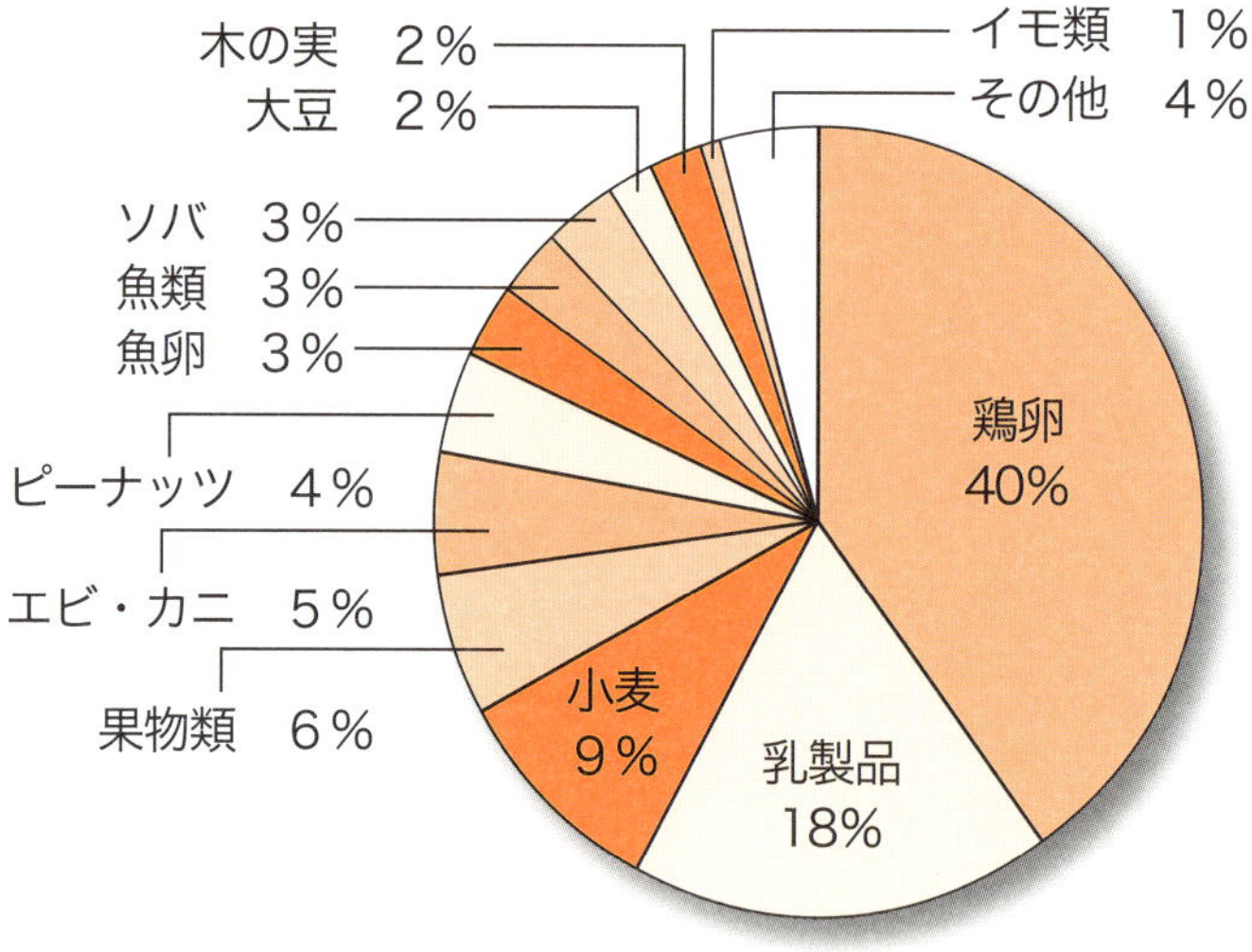

図❿　アナフィラキシーショックの原因食物

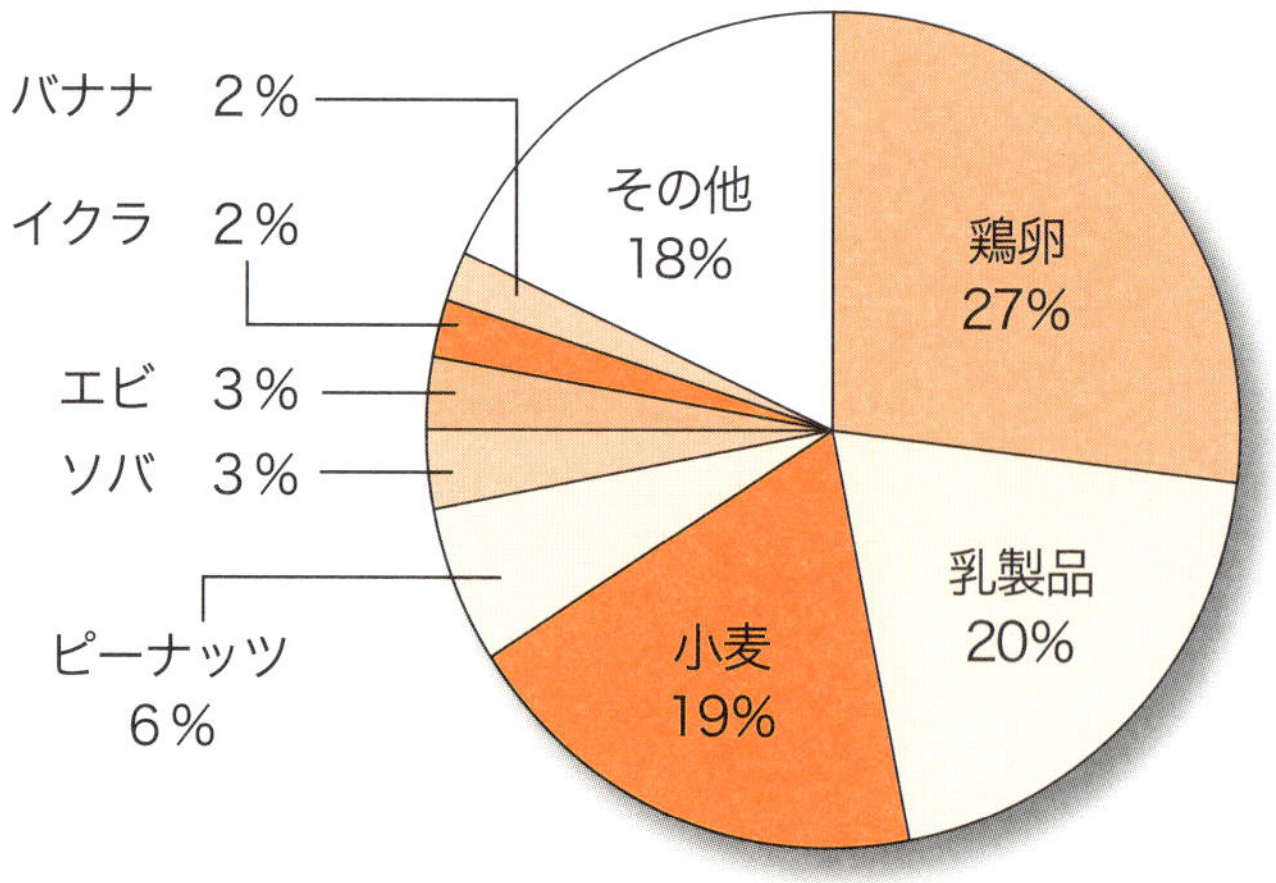

即時型食物アレルギー全国モニタリング調査より作成
（厚生労働省・農林水産省 (共同会議資料)、2005 年）

ルゲン除去が必要」と決めつけるのは危険です。医師の指導なしに食事制限をするのも、行き過ぎれば栄養のバランスを欠くようになり、ひどい場合には発達を阻害することにもなりかねません。アレルゲン除去は医師の診断のうえでおこなうべきものです。

　除去負荷テストは、アレルゲンとして疑われるものを一定期間食べるのをやめ、もう1度食べたとき症状が出現するかどうかを確認する方法です。このテストは医師の指導のもとでおこなわなければならないもので、医療機関以外ではやってはいけないことです。保育園や小学校でこのテストに酷似したことをされたという相談がときどき寄せられます。「そろそろ食べさせた方がいいんじゃないの？」「栄養不足が気になるから少しずつ食べさせたい」など、保育園や学校の栄養士が勝手に判断して負荷するという実態はあまり知られていませんが、なかなかなくなりません。「除去」と同様に少しずつ食べ始める「負荷」も、医師とともに取り組むべきものです。

　食物アレルギーは医師がいくつかの検査をしたうえで、総合的に判断し初めて診断がつく疾患です。食物アレルギーは、非常に個人差のある疾患で、加齢とともにアレルゲンだった食物が食べられるようになる人もいますし、小学校の6年間ずっと除去し続けなくてはならなかった人もいます。

　また、複数の食物を同時に除去しなければならないマルチアレルゲンの人もいれば、アレルゲンとなる食物が1つだけの人もいます。アレルゲン食物の数で重症か軽症かを比較することはできません。

●アナフィラキシーショックの症状は多様

重篤なアナフィラキシーショックを少量のアレルゲンで起こす人もいれば、アナフィラキシーショックの経験がない人もいます。施設管理者や現場責任者は、症状の軽重でアレルギーの対処方法について判断したいと感じるかもしれませんが、過去にアナフィラキシーショックを起こしたことがなかった人でも、体調が悪いときにたまたま誤食して、アナフィラキシーショックに至ってしまうこともあります。

アナフィラキシーショックは、さまざまな臓器がいっぺんにアレルギー反応を起こし、それぞれの症状が連続的に発症する状態をイメージされるといいと思います。

想像できないと感じる人のために、下記に事例を紹介します。

①皮膚にじん麻疹が拡がったと思ったら、のどが詰まってきて、呼吸が苦しくなり、さらに血圧が低下してきて動けなくなった。

②ぜんそくのような咳が出始め、深呼吸ができなくなり、気管支拡張剤の吸入もできなくなった。嘔吐して強い腹痛を起こした。

③頬やまぶたがパンパンに腫れて元の顔がわからなくなるほどむくみ、声が出にくくなり、窒息してしまうのではないかという状態になった。その後ぐったりとして動けなくなった。

食物アレルギーの症状は、これが「典型的な症状」と考えられるようなワンパターンがないことが、この病気の理解を困難にしているように思います。「過去にアナフィラキシーショックを起こしたことがないから、この人は大丈夫」というように、パターン化して考えてしまうこともとても危険なことです。

ポイント

■食物アレルギーは、症状の出方に個人差がある（図⓫）。

■アナフィラキシーショックを過去に起こしたことがない人でも、体調が悪いときに誤食すると、アナフィラキシーショックを起こすことがある。

■症状は、人によってさまざまな経過をたどる。すべての食物アレルギーに関して、ゆっくり経過観察している余裕はないという意識をもつことが大切。

●給食調理の現状について知る

都内の児童数が３５０人規模の小学校の先生に伺うと、十数人の食物アレルギーの子どもがいるというお話でした。地域によってばらつきはあると思いますが、都内の何校かの栄養士や調理員に聞いてもほぼ同様の答えが返ってきました（図⓬）。そして、アレルゲンが複数ある食物アレルギーの子どもが10人を超えると、現状の人員では安全管理ができるかどうか、不安があると話されていました。

図⑪　食物アレルギーの人の症状傾向

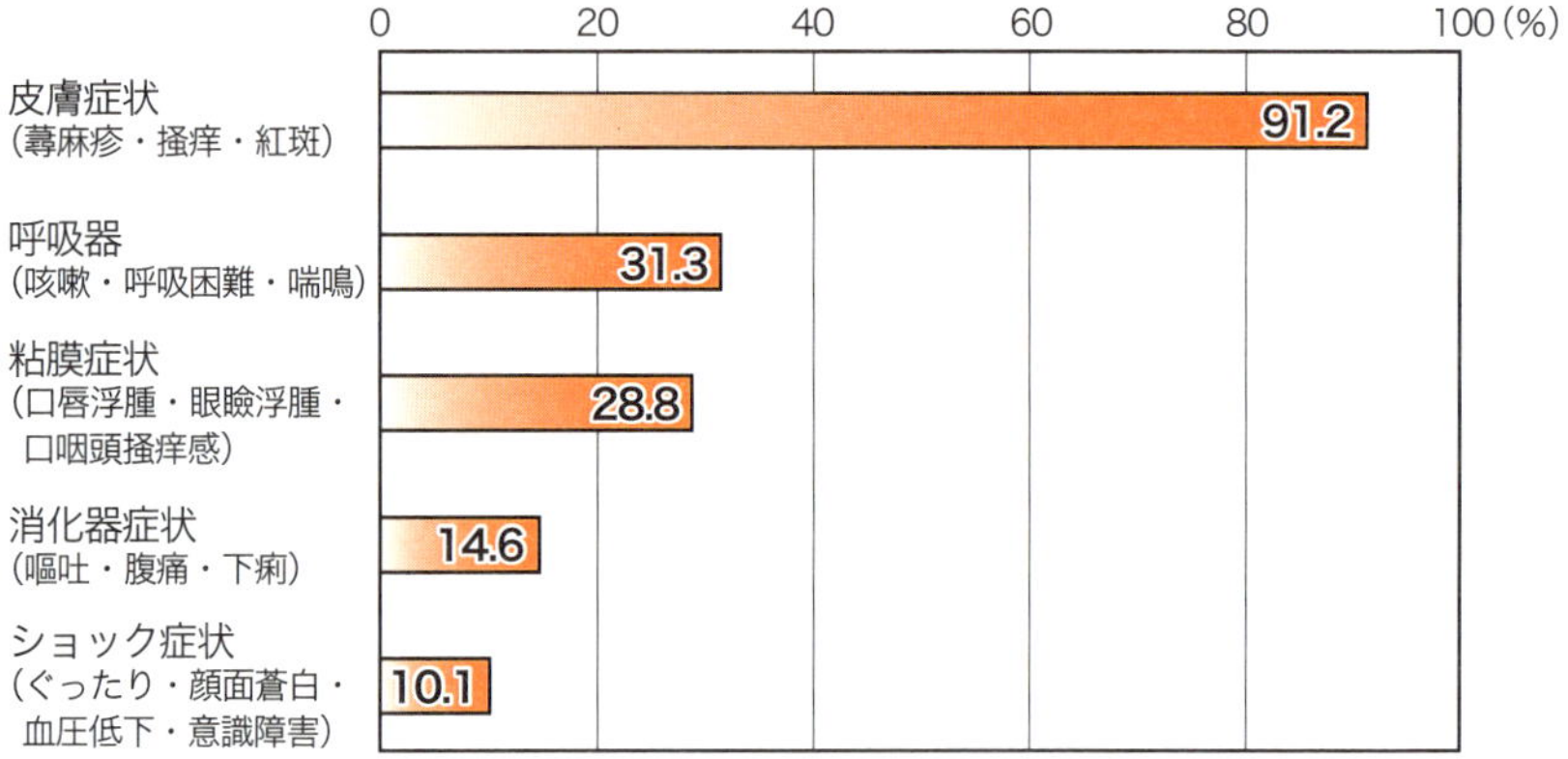

即時型食物アレルギー全国モニタリング調査より作成
（厚生労働省・農林水産省（共同会議資料）、2005年）

一方、神奈川県のある学区内の栄養士、調理員が集まる勉強会では、「現在16人の食物アレルギーがある子どもの給食を作っているが、1人ひとりのアレルゲンの数が1つか2つと比較的少なく、そば、ピーナッツなど給食では使うことがほとんどない食物がアレルゲンの子どもが多いときは万全に対処できるし、子どもがもう少し増えても対処可能だと思う」という報告もありました。

また、ラジオ番組でごいっしょした栄養士は、「卵アレルギー対応の除去食を作った際に、スチームオーブンでほかの子どもの卵焼きといっしょに調理したら、湯気が原因でアレルゲンが移り、症状が出てしまったという話がある」「コロッケや魚は同じ油で揚げたりもするが、除去食用には、新しい油を使って別の場所で揚げる」などの現場の対応を話されていました。

人員や調理器具、態勢が整っていたとしても、毎年子どもたちの構成は変化します。食物アレル

図⑫　食物アレルギーにおける学校給食の実態

東京都（小学校1300校・複数回答）

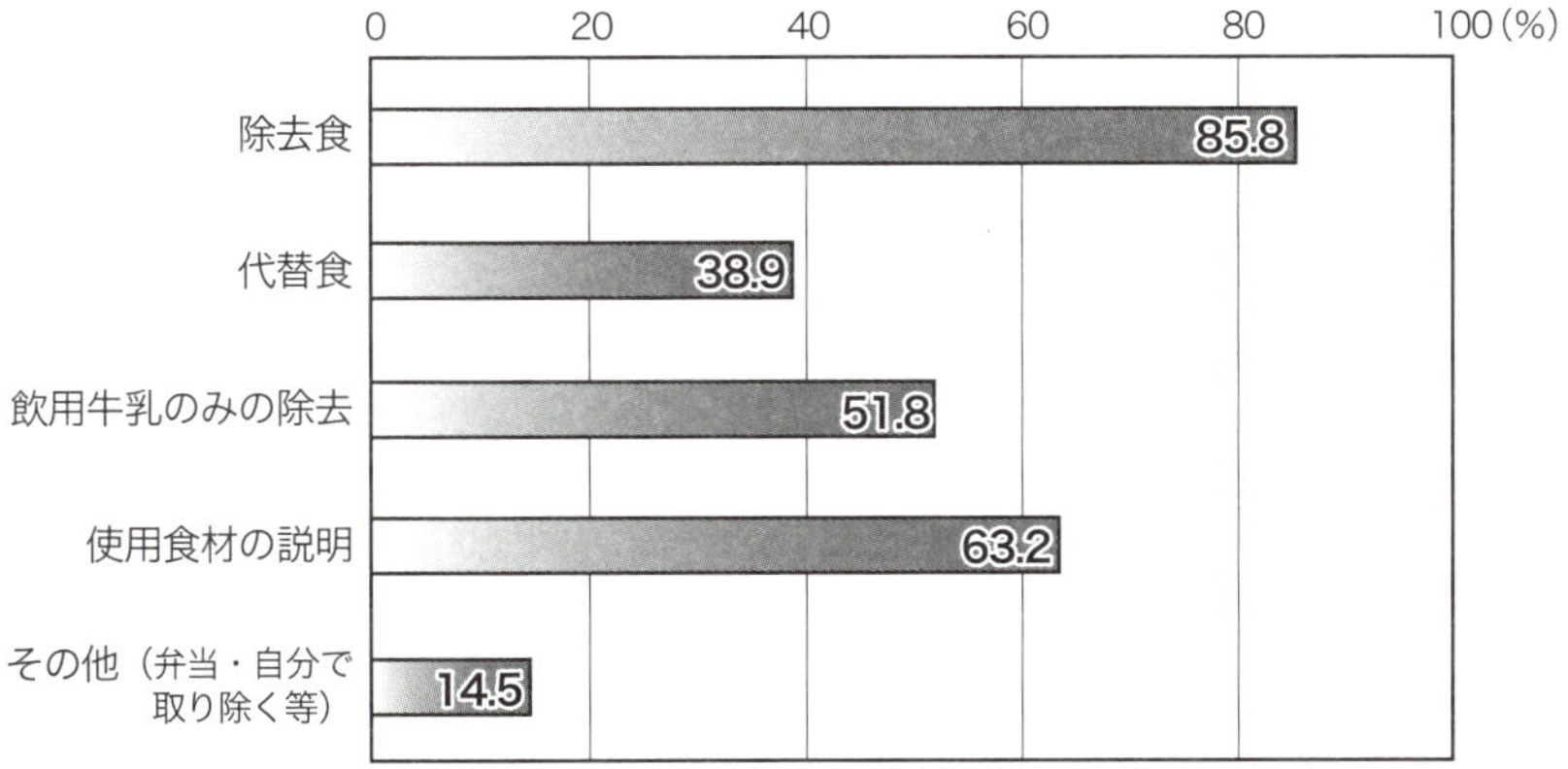

平成24年度　東京都における学校給食の実態より作成
（東京都教育委員会、2013年）

全　国

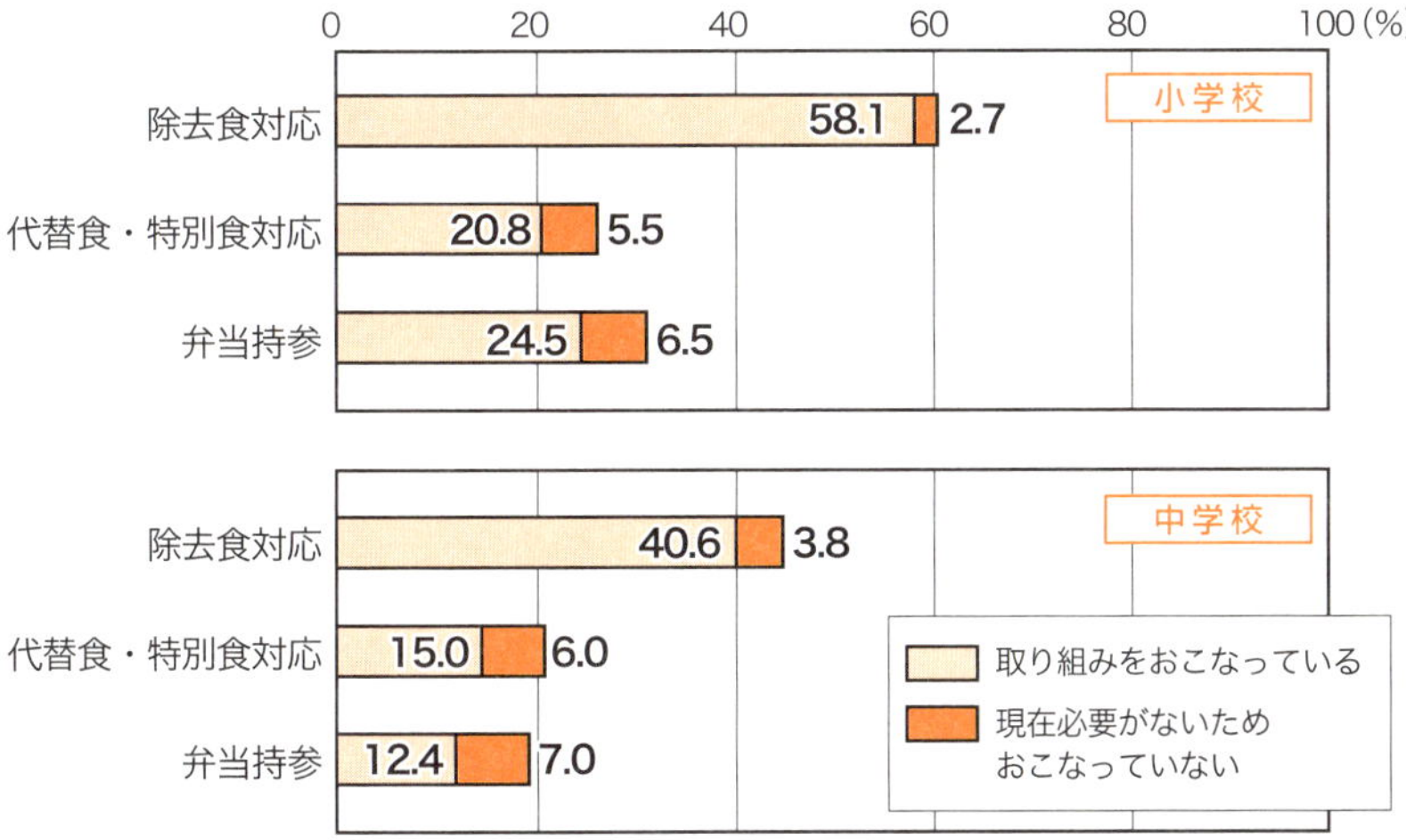

アレルギー疾患に関する調査研究報告書
（文部科学省、2007年）

ギー対応が必要な子どもの絶対数が多かったり、過敏な反応を起こす子どもやマルチアレルゲンの子どもが何人もいると、危機管理体制もそれに合わせて変更する必要があります。

子どもたちに安全な給食を提供したいと考えている学校であっても、実際に調理に携わる人数に限りがあったり、調理の場所がなかったり、除去食を調理する調理器具などを別途用意できない場合は、職員の努力だけでは実現できないのです。このような学校の給食事情を保護者と学校とのあいだで共有している場合もあれば、学校内の事情が保護者にまったく知らされていない場合もあります。

学校給食では何ができて何ができないのか、どのくらい安全で、どのくらい危険かということについて、学校と保護者・子どもが共通の認識をもつことが不可欠です。言うまでもないことですが、どの子どもも健やかに学校で過ごせることは子どもの権利です。学校側の状況を「情報開示」していくことなしには、学校のアレルギー対策を充実していくこともできませんし、もし事故が起こってしまえば、学校への保護者の不信を拭うことは容易ではありません。

ポイント

■食物アレルギーの子どもの教育の機会を実現するためには、危機管理意識と態勢作りが必要。

■対処児童数、マルチアレルゲンがある児童数など、年度ごとの状況で危機管理の状況は変わってくる。

■学校給食を提供するための人員、器材、動線、献立の種類など、実現を阻む壁がある。
■危機管理のためには学校と保護者・子どもの情報の共有が不可欠。

●「学校生活管理指導表（アレルギー疾患用）」で情報を共有する

２００８年、文部科学省は「学校のアレルギー疾患に対する取り組みガイドライン」の中で「学校生活管理指導表（アレルギー疾患用）」を提示しました（図⑬）。

この表は、子どもの病型・治療の欄に、A食物アレルギー病型、Bアナフィラキシー病型、C原因食物・診断根拠、D緊急時に備えた処方薬、を記入するようになっており、学校生活上の留意点の欄には、A給食、B食物・食材を扱う授業・活動、C運動（体育・部活動等）、D宿泊を伴う校外活動、Eその他の配慮・管理事項（自由記載）、の項目があり、それぞれ管理が必要かどうかを回答するようになっています。緊急時連絡先、医療機関名、医師の署名欄がありますから、基本的には医師が書き込み署名捺印する書類の体裁がとられています。

欄外には、「学校における日常の取り組み及び緊急時の対応に活用するため、本表に記載された内容を教職員全員で共有することに同意しますか。」という文章があり、⑴同意する、⑵同意しない、の選択肢があり、保護者が署名して提出するようになっています。

図⑬ 学校生活管理指導表（アレルギー疾患用）

表 学校生活管理指導表（アレルギー疾患用）

名前＿＿＿＿ 男・女 平成＿年＿月＿日生（＿歳） ＿＿＿＿学校＿年＿組 提出日 平成＿年＿月＿日

気管支ぜん息（あり・なし）

病型・治療

A．重症度分類（発作型）
1．間欠型
2．軽症持続型
3．中等症持続型
4．重症持続型

B-1．長期管理薬（吸入薬）
1．ステロイド吸入薬
2．長時間作用性吸入ベータ刺激薬
3．吸入抗アレルギー薬（「インタール®」）
4．その他（　　）

B-2．長期管理薬（内服薬・貼付薬）
1．テオフィリン徐放製剤
2．ロイコトリエン受容体拮抗薬
3．ベータ刺激内服薬・貼付薬
4．その他（　　）

C．急性発作治療薬
1．ベータ刺激薬吸入
2．ベータ刺激薬内服

D．急性発作時の対応（自由記載）

学校生活上の留意点

A．運動（体育・部活動等）
1．管理不要
2．保護者と相談し決定
3．強い運動は不可

B．動物との接触やホコリ等の舞う環境での活動
1．配慮不要
2．保護者と相談し決定
3．動物へのアレルギーが強いため不可
動物名（　　）

C．宿泊を伴う校外活動
1．配慮不要
2．保護者と相談し決定

D．その他の配慮・管理事項（自由記載）

【緊急時連絡先】
★保護者
電話：
★連絡医療機関
医療機関名：
電話：

記載日　年　月　日
医師名　印
医療機関名

アトピー性皮膚炎（あり・なし）

病型・治療

A．重症度のめやす（厚生労働科学研究班）
1．軽症：面積に関わらず、軽度の皮疹のみみられる。
2．中等症：強い炎症を伴う皮疹が体表面積の10%未満にみられる。
3．重症：強い炎症を伴う皮疹が体表面積の10%以上、30%未満にみられる。
4．最重症：強い炎症を伴う皮疹が体表面積の30%以上にみられる。
*軽度の皮疹：軽度の紅斑、乾燥、落屑主体の病変
*強い炎症を伴う皮疹：紅斑、丘疹、びらん、浸潤、苔癬化などを伴う病変

B-1．常用する外用薬
1．ステロイド軟膏
2．タクロリムス軟膏（「プロトピック®」）
3．保湿剤
4．その他（　　）

B-2．常用する内服薬
1．抗ヒスタミン薬
2．その他（　　）

C．食物アレルギーの合併
1．あり
2．なし

学校生活上の留意点

A．プール指導及び長時間の紫外線下での活動
1．管理不要
2．保護者と相談し決定

B．動物との接触
1．配慮不要
2．保護者と相談し決定
3．動物へのアレルギーが強いため不可
動物名（　　）

C．発汗後
1．配慮不要
2．保護者と相談し決定
3．（学校施設で可能な場合）夏季シャワー浴

D．その他の配慮・管理事項（自由記載）

記載日　年　月　日
医師名　印
医療機関名

アレルギー性結膜炎（あり・なし）

病型・治療

A．病型
1．通年性アレルギー性結膜炎
2．季節性アレルギー性結膜炎（花粉症）
3．春季カタル
4．アトピー性角結膜炎
5．その他（　　）

B．治療
1．抗アレルギー点眼薬
2．ステロイド点眼薬
3．免疫抑制点眼薬
4．その他（　　）

学校生活上の留意点

A．プール指導
1．管理不要
2．保護者と相談し決定
3．プールへの入水不可

B．屋外活動
1．管理不要
2．保護者と相談し決定

C．その他の配慮・管理事項（自由記載）

記載日　年　月　日
医師名　印
医療機関名

㈶日本学校保健会 作成

裏 学校生活管理指導表（アレルギー疾患用）

名前＿＿＿＿ 男・女 平成＿年＿月＿日生（＿歳） ＿＿＿＿学校＿年＿組 提出日 平成＿年＿月＿日

食物アレルギー（あり・なし） アナフィラキシー（あり・なし）

病型・治療

A．食物アレルギー病型（食物アレルギーありの場合のみ記載）
1．即時型
2．口腔アレルギー症候群
3．食物依存性運動誘発アナフィラキシー

B．アナフィラキシー病型（アナフィラキシーの既往ありの場合のみ記載）
1．食物（原因　　）
2．食物依存性運動誘発アナフィラキシー
3．運動誘発アナフィラキシー
4．昆虫
5．医薬品
6．その他（　　）

C．原因食物・診断根拠　該当する食品の番号に○をし、かつ《 》内に診断根拠を記載
1．鶏卵《　》
2．牛乳・乳製品《　》
3．小麦《　》
4．ソバ《　》
5．ピーナッツ《　》
6．種実類・木の実類《　》（　　）
7．甲殻類（エビ・カニ）《　》
8．果物類《　》（　　）
9．魚類《　》（　　）
10．肉類《　》（　　）
11．その他1《　》（　　）
12．その他2《　》（　　）

［診断根拠］該当するもの全てを《 》内に記載
① 明らかな症状の既往
② 食物負荷試験陽性
③ IgE抗体等検査結果陽性

D．緊急時に備えた処方薬
1．内服薬（抗ヒスタミン薬、ステロイド薬）
2．アドレナリン自己注射薬（「エピペン®」）
3．その他（　　）

学校生活上の留意点

A．給食
1．管理不要
2．保護者と相談し決定

B．食物・食材を扱う授業・活動
1．配慮不要
2．保護者と相談し決定

C．運動（体育・部活動等）
1．管理不要
2．保護者と相談し決定

D．宿泊を伴う校外活動
1．配慮不要
2．食事やイベントの際に配慮が必要

E．その他の配慮・管理事項（自由記載）

【緊急時連絡先】
★保護者
電話：
★連絡医療機関
医療機関名：
電話：

記載日　年　月　日
医師名　印
医療機関名

アレルギー性鼻炎（あり・なし）

病型・治療

A．病型
1．通年性アレルギー性鼻炎
2．季節性アレルギー性鼻炎（花粉症）
主な症状の時期：春、夏、秋、冬

B．治療
1．抗ヒスタミン薬・抗アレルギー薬（内服）
2．鼻噴霧用ステロイド薬
3．その他（　　）

学校生活上の留意点

A．屋外活動
1．管理不要
2．保護者と相談し決定

B．その他の配慮・管理事項（自由記載）

記載日　年　月　日
医師名　印
医療機関名

㈶日本学校保健会 作成

●学校における日常の取り組み及び緊急時の対応に活用するため、本表に記載された内容を教職員全員で共有することに同意しますか。
1．同意する
2．同意しない　　保護者署名：＿＿＿＿

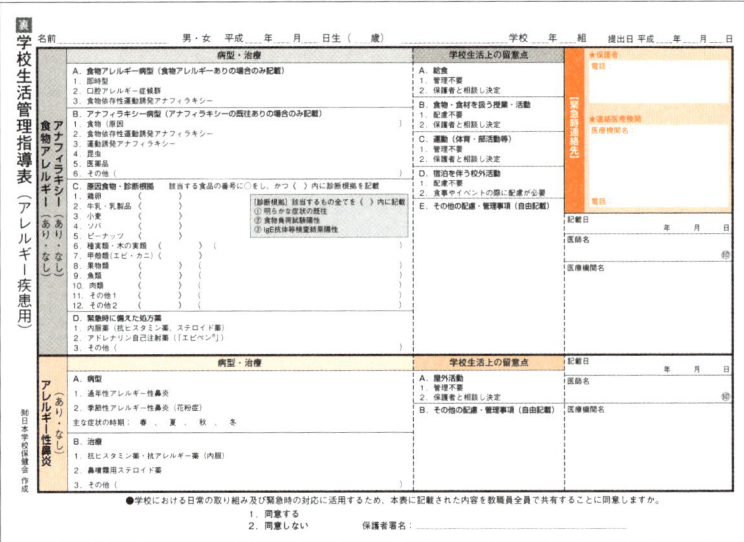

学校のアレルギー疾患に対する取り組みガイドライン（文部科学省、2008年）

アレルゲンは何か、危険度はどのくらいか、調理器具は別にすべきか、微量混入に対して強く反応するかどうかなどの子どもの状態、などの細かい内容や指示を書くスペースはほとんどないので、医師が別途詳細を書いて添付する場合もありますし、保護者が細かく書いた資料を医師が確認し別添とする場合もあります。「学校生活管理指導表」を医療機関が診断書として併用する地域もあれば、診断書は別に作成する地域もあります。

子どものアレルギー情報を医療機関と保護者、学校が共有できる手段として「学校生活管理指導表」は、とても有効なものですが、残念なことに、まったく使われていない地域もあります。かりにこの「学校生活管理指導表」の記載項目が実情に合わない点があれば、前述したように別添資料を「学校生活管理指導表」と共に取り扱い、さらに不足点があれば保護者と学校で話し合い、不足点を補ってください。ガイドラインに準拠した態勢が普及することで、共通した理念を共有できるようになります。食物アレルギーがある子どもが居住する地域の教育委員会や学校が、このガイドラインと「学校生活管理指導表」を採用することを強く要望します。

ただし、この「学校生活管理指導表」を評価できないという方々もいます。たとえば、アレルゲン食物のリストや、食物ごとの危険度を書く欄は小さすぎて、実際に献立を考えたり調理をしたりする立場からすると必要な情報が完全には得られない、そのため最初から別途の説明資料が必要になるなどの欠陥が指摘されています。

また、「学校生活管理指導表」は保護者が子どもの状態を書いて、学校に知らせる資料ですが、学校の状況を保護者に伝える資料は存在しません。危機管理の観点から言えば、情報は共有され

図⓮　リスクコミュニケーションのポイント

危険回避のための対話を充実させる

①危険の中身をはっきりさせること

→何が、どのくらい危険、その根拠

→設備、人員、経験、環境について検討

②すべての情報を関係者全員で共有する

③情報の更新が必要

→学年が変わる

→担当者が代わる

ることが大原則で、この点から「学校生活管理指導表」の双方向性の視点の欠如が指摘されています。

学校は子どものアレルギーの情報を集めるだけではなく、学校の態勢や事故発生の際の対応、給食・調理現場の状況（食材や器材、人員や設備、調理手順など）について保護者に説明する機会を設け、共通理解にもとづいて対策をいっしょに作り上げていく必要があります。私たちの電話相談には、学校と保護者の連携がうまく取れていない状況、給食の現場で栄養士と調理員の情報共有が十分にできていないという話が寄せられます。

担任・保護者・栄養士の打合せはあるが、その場に調理員が参加しない（参加できない）という例が多数報告されています。調理員は調理に直接携わり、アレルゲン食物を直接管理・取り扱いをしているので、調理室における危険回避の当事者の役割を果たしています。

「危機管理」は調理室だけの課題ではなく、調理室から教室への搬送、教室内の配膳・片づけ、といった場面の想定や、原材料の仕入れ、入庫、洗浄、調理といった工程の想定なども必要です。「危機管理」の連携の中で調理員が担う役割を考えると、打合せへの参加は大切な要件だと思います。調理員が自治体職員か、外部委託企業の職員やパートかという事情によって、話し合いの調整が困難な場合もあると思います。

調理の外部委託化が進み、教育としての給食が、食事を提供することのみに単純化されてしまったという声も聞きます。「教育として実施される給食」の役割や、「危機管理のための情報の共有化」を実現するためには、ささやかであっても対話を積み重ねることからしか、ものごとは始まりません（図⓮）。こうした仕組み上の困難を乗り越えることも、子どもたちの命を守る取り組みだと思います。

ポイント

- 「学校生活管理指導表」によって、診断や子どものアレルギーに関する情報を学校と保護者・医師が共有できる。
- 「学校生活管理指導表」の不足点は、補足資料の作成や関係者の話し合いによって改善できる。
- 「学校生活管理指導表」の記入欄は小さすぎるので、別紙に詳細を記入するなど工夫が必要。
- 情報は双方向性が重要。学校の現状を保護者と共有する態勢を作る。

●緊急時の対処を「要請」する

食物アレルギーがある子どもの保護者は、わが子が学校給食で事故に遭わないように切実な願いを持っています。しかし、「アレルゲンを除去した給食を提供してほしい」という保護者の要望を受けておこなわれる話し合いの内容は、子どもの状態の聞き取り、給食で対応するかどうか、給食で対応するなら家庭・学校でどのような準備が必要か、といったことが中心になっています。その先に、誤食したときの症状、エピペンを使うタイミング、職員の態勢、保護者への連絡、病院との連携、実地訓練など緊急時の対応が話されなければならないのですが、その段階まで内容が詰まってくると、学校側のさまざまな事情が全面に出てきて、「給食現場でどのくらい手がかけられますかね？」「そんなにたいへんなお子さんならお弁当の方がいいでしょう」「アナフィラキシーショックを起こさない証明を医師に書いてもらって提出してください」という理不尽な要求まで出てくることもあります。

そのような場面では、誤食したときの体制についてなど、とても話すことができないと感じる保護者が多く、結果的には「除去食をお願いしたい」という話し合いにとどまってしまうようです。私自身も、わが子の学校との関係をふり返ると、学校になんとか「給食を作ってほしい」という思いで話し合いに臨んでいたと思います。給食を作ってもらったうえに、先生方に特段の負担が掛かる緊急時の対処を保護者から提案することはとてもできそうもないと感じていました。電話相談を受けていても「給食がスタートして学校が落ち着いてから、話し合ってみます」と保護者が先送りしてしまうケースがとても多いのです。

しかし、話し合いは、食物アレルギーの子どもが学校で安全に過ごすための対策、危機を回避するための態勢作りが中心的テーマになるべきです。話し合いの結果として「給食調理時のアレルゲン除去の方法」や「誤食したときの緊急体制」が決まっていくのです。学年やアレルゲンの種類によっては、「課外授業の参加方法」や「給食当番の参加の仕方」も決めなければならないでしょう。

「学校のアレルギー疾患に対する取り組みガイドライン」ができる以前は、学校給食法に食物アレルギー対応を可能な限り実施するよう書かれていたものの、そのことはあまり知られておらず、保護者だけでなく、栄養士、調理員ですら、食物アレルギー対応をおこなうことは個人的善意の範囲を超えるものではないと感じている人も多かったと思います。もちろん、全国の調理員や栄養士、学校給食関連の労働組合、各種の研究会などは一生懸命子どもを支えようと協力してくださっていました。しかし食物アレルギー対応をするということについて「社会的根拠」あるいは「社会的位置づけ」を明確にする動きはあまりうまくいっていなかったと思います。

「学校のアレルギー疾患に対する取り組みガイドライン」は、給食調理の現場のみならず、学校生活における安全も含めた「食物アレルギーの対応」についての考え方や対処の仕方を示しています。個人の善意や意欲にとどまらず、学校全体で話し合いながら危機管理をおこなう、組織的取り組みが必要であることが「学校のアレルギー疾患に対する取り組みガイドライン」によってようやく明らかになったのだと思います。

学校がアレルゲンを管理した給食を作ることは、個々の子どもの安全に対し学校が「責任」をもつことになります。その責任を負いかねると考える地域の教育委員会や各学校では、お弁当を持参するように保護者に指示しています。

しかし、くわしい事例は後で紹介しますが（73〜77ページ参照）、アレルゲン食物を摂取しなくても、アレルゲン食物の飛沫に触れたり、粉末を吸い込んだだけで起こる事故もあるので、かりにお弁当にしたとしても、食物アレルギーに起因する事故を防ぐことはできません。子どもが学校生活を安全に過ごせる環境を保障する責任を、学校は放棄することはできません。

現在、「学校のアレルギー疾患に対する取り組みガイドライン」によって給食調理だけではなく、緊急時の対処についても態勢を整えるよう指導されていますが、それでもなお各地域の教育委員会の対応はまちまちです。給食現場の担当者が食物アレルギー対応のための態勢を提案し、実際に整えても、施設管理者である学校長がゴーサインを出さないといった事例が全国で散見されます。学校によって対応がさまざまなのです。

ポイント

■保護者から学校給食提供の要望が出されたとき、学校は「食物アレルギー対応の給食を作るか作らないか」という課題だけではなく、「緊急時対処」という課題も認識する必要がある。

■給食・弁当持参に関係なく、学校は食物アレルギーの子どもが安全に過ごせる環境を整える責任がある。

●子ども自身が危機管理に参加する

事故防止の観点から重要なことがあります。それは、子ども本人が危機管理の態勢の中に参加することです。

◆**保護者と子どもの安全確認**――保護者は毎朝、子どもと共に献立表（もしくは、保護者・栄養士・担任の打合せで使う調理室手配表など）を見ながら「除去食」や「代替食」について説明してから、子どもを学校に送り出します。

◆**担任と子どもの安全確認**――自分の席に着いた子どもが、担任といっしょに給食とチェック表（調理室手配表をもとにしたものなど）を見比べて間違いがないか確認します。

◆**調理員と子どもの安全確認**――調理員が子どもに直接お盆を渡す場合は、調理員が「○年○組の○○さんですね」と名前を確認してお盆を渡します。その際、「○○メニューは卵を除去しています。△△は乳が入っているので、持参した代替食を食べてください」というように、調理員が子どもに献立内容の説明と確認・指示をします。

◆**給食当番が配膳する場合は**――アレルゲンを含まない料理を配膳するときと、アレルゲン食物を含むものを配膳するときのお玉や菜箸は兼用せず、それぞれの料理にそれぞれのお玉や菜箸などをつけるようにする（お玉や菜箸を介した混入が起こらないようにする）。

◆**調理員が校長室にお盆を届け、子どもが校長室に取りに行く場合は**――複数の食物アレルギーの子どもがいる場合は特に、お盆につける名前のつけ間違いをさける工夫をする（外部委託事業者が学校長に納品する形が必要と考えている場合は、校長室に納品する方法が取られている）。調理室から校長室までの間に、お盆につけた名札が落ちたり、廊下で他者に接触するなどして、おかずがこぼれるなどの些細な出来事から、混入や取り違いの事故が過去に起こっている。運搬台の前と後ろに人を配置するなどの工夫によって事故を防ぐ。

◆**おかわりの安全確認**――うまく機能している小学校の例では、おかわりを食べたい子どもは、自分で給食室に行って調理員に「おかわりをください」と申し出ます。除去食や代替食の残りがあれば、調理員はそれを直接本人に手渡します。残っていないときは「おかわりなし」になります。これは「教室にある食べものは食べない」というルールを子ども本人、給食に立ち会っている担任がきちんと守り、そのことをクラスメイトが理解することで、おかわりの際の危機を回避する方法です。教室にある食べものの「おかわり禁止」は育ちざかりの子どもには厳しいルールですが、少し多めに除去食を用意することで、円滑に運用されている方法です。さらに、厳格には「どんなに欲しくてもおかわりはしない」というルールを提案している医師もいるようです。

このように安全確認の方法は、役割分担や作業工程ごとにあります。チェックが確実におこなえれば、誤食事故を減らしていくことができます。アレルゲン除去をしている児童数が多くて、調理員や栄養士だけではチェックが困難な場合は、教室内での確認を強化するためスクールサポーターを配置したり、校長や教頭が交代でアレルギー対応給食の手渡しを校長室でおこなうなどして態勢を整えている学校もあります。

ポイント

■危機管理のためのルール作りをする。その際、子ども自身が危機管理の輪の中に入ることが重要。
■提供される除去食や代替食の内容を子ども自身が理解していることが重要。
■安全確認を確実におこなう態勢を作る（シミュレーションする、定期的な訓練をする、決まりごとの不備を見直す）。

●アレルギー問題を共通課題にするか、自己責任に帰すか？

私たちが受けた相談の中に、弁当を持参していた子どもが学校でアレルギーを発症した事故があります。この子どもは、乳に対するアレルギー反応が強く出るため、家からお弁当を持ってきていました。

ある日、教室で給食をクラスメイトといっしょに食べていたとき、牛乳をこぼした子どもがいて、それをふいた雑巾（洗ってしぼっておいた雑巾）に乳アレルギーの子どもが触れ、手にじん麻疹が広がってしまいました。じん麻疹ぐらいなら大丈夫と思っているあいだに呼吸困難に陥り、子どもは救急搬送されています。

動物性タンパク質の多くは落ちにくい性質をもっているため、すべての食物アレルギー患者に共通することではありませんが、アレルゲン食物をふき取った雑巾に触れることで食物アレルギーが発症することがあるのです。

このように食事に因《よ》らずにアレルゲン食物に触れることで起きる事故は、牛乳以外にも揚げパンのきな粉（粉末が目に入り目だけでなく顔全体が腫れあがった）、溶き卵のスープ（飛沫《ひまつ》をふき取ったものに触れた）、ヨーグルト（食器の片づけ当番でじん麻疹を発症した）など、直接の飲食以外にもアレルゲンとの接触事故が発生しています。

給食以外の授業の場面でも、アレルゲンに触れることで起きた事例があります。卵アレルギーがある子どもが、家庭科の授業中に、捨ててあった卵の殻を指でつまんでしまい、それでじん麻疹を起こしたというものです。また、小麦粉を袋からボウルに移し替える作業をした部屋に、食物アレルギーがある子どもが入室したために小麦粉を吸い込んで発症してしまった事例もあります。接触や吸い込みだけでなく、アレルゲンに触れた手で目をこすってしまったために粘膜にアレルゲンが付着し発症した事例などもあります。

くり返しになりますが、食物アレルギーの患者の中にはアレルゲンに触れて症状が出る人もいれば、触れても症状が出ない人もいます。しかし、目や鼻などの粘膜に触れると症状が出る危険度が高まります。医師によってはアレルゲン食物に触ることを禁止し、アレルゲン食物を「家庭内に持ち込むな」と指示しています。

アレルギーの子どもを守る解決法は「弁当持参」にすることですべての問題が解決できるわけではないのです。この事例のように学校内の危機管理は、個々の実情に沿った細かい対応策を、話し合いの中で出し合い、日々積み重ねていくことで実効性のあるものになっていきます。アレルギーに対応した給食を作る調理現場だけの課題ではなく、学校内のさまざまな場面で、教職員やときにはクラスの子どもたちの協力も得なければ、子どもの安全は守れないのです。

実際に、牛乳の飛沫が皮膚についてじん麻疹が起きたクラスでは、クラス全員がアレルギーの危険性を目の当たりにして、何とかしなければいけないと話し合いをしています。給食の時間は、班でまとまって食べることになっていますが、アレルギーがある子どもは少し離れて座ることにしたそうです。その際、「何センチメートル離れたら大丈夫かな？」と子どもが実験して、離す距離を決めたそうです。

お盆を持って歩くときに、みんなとぶつからないように、食物アレルギーがある子どもが最初に食べられるものを取って着席した後、全員の配膳をするようにしたという学校もあります。子どもたちはアレルギーの友だちを守るためにさまざまなアイデアを出して対策し、本人も納得することで、危機管理が本人だけにとどまらず、クラス全員が参加する形が生まれました。

そうした創意工夫がされている一方で、「そんなにたいへんなら、事故防止のためにも、空き教室や保健室で給食を食べさせたらいいのではないか」「保護者が毎日学校に行き、廊下で待機したらどうか」「子どもの問題は親の責任だ」「1人の子どもに特別手を掛けるのは、かえって不平等だ」などの意見がほかのクラスの担任や保護者から出ることもあります。実際、「保護者が毎日学校に行き、廊下で待機したらどうか」という学校側からの要請によって、仕事をやめなくてはならなくなったという母親からの相談もありました。こうしたケースでは、子どもが教育を受ける権利が実質的に保障されているとは言えません。

別室で食事をするというのは、子どもの気持ちの問題も含め、あまり望ましいやり方ではありません。食物アレルギーがある子どもが隔離された事例は過去にもたくさんあり、私たちも長年解決に努めてきました。今回の調布市で起こった事故でふたたび状況が逆戻りしてしまうのではないかと心配しています。

保護者、学校、関係者が抱えるすべての困った事態や失敗例、改善例や成功例を共有することはとても重要なことです。とくに、いま、「失敗の共有」を実現することは、学校給食の事例に限らず社会的に重要なテーマになっていると思います。

ポイント

- 食べること以外に、触れたり、吸引したことでアレルギー症状が出ることもある。
- 触れただけでは問題なくても、アレルゲンに触れた手で目や鼻の粘膜に触れたために発症した事例もある。

■食物アレルギーがある子どもがクラスの子どもたちの協力で豊かな学校生活を送れるようになった事例もある。

■失敗を共有することによって学べることはたくさんある。

■「食物アレルギー危機管理情報」（ＦＡＩＣＭ）でアレルギー表示に関連した回収事故情報の蓄積や配信、誤食事例の紹介をおこなっている。https://www.atopicco-foodallergy.org/

■アトピッ子地球の子ネットワークのホームページは、各種の学校給食の情報を公開している。http://www.atopicco.org/

第6章 アレルギー問題を食育につなげる

●家庭科の調理実習から学ぶこと

子どもたちが学校で食品に触れる機会は給食以外に、家庭科や生活科の実習があります。ここではアレルギーの子どもたちをアレルゲンから守る対策と、食品・調理の実習を通じて食を学ぶという課題があります。

ある学校では、クラスの交流の時間に全員で何か料理を作ろうということになり、話し合った結果、オムレツを作ることになりました。このクラスには卵アレルギーの子どもがいたために、保護者、担任、医師と話し合いがもたれました。数回の話し合いの結果、その子どもはビニール手袋にゴーグルを着け、さらにマスクをして、飛沫が粘膜に触れない工夫をして調理に参加しました。想像すると、ものすごい恰好《かっこう》ですし、本人はオムレツを食べられませんが、「参加したい気持ち」を優先したうえでの選択でした。

そんな無理をするなら担任がメニューを変えさせるか、本人を欠席させるべきだったのではないか、という意見がほかの児童の保護者などから出たそうです。このオムレツ実習の危険度をどの程度と評価するか、家庭ではどうやってアレルゲンを避けているか、アレルゲンとの接触を避ける対策などを保護者と医師と担任のあいだで話し合うことができれば、あとは子どもがどうしたいか、授業に向き合う気持ちや参加の意欲をどこまで満たすことができるかを考えるべきではないかと思います。さらに、主治医には「いざというときに備えてスタンバイしてもらえませんか」と依頼しておけば、万一のときも迅速に対応することができます。

家庭科や生活科の授業では、食品表示の見方と、食品の製造工程をいっしょに教えてほしいと思っています。加工食品の容器包装の表示は、いくつもの法律によって厳格な規定が定められていますが、一括表示以外にも、企業が独自に工夫している任意表示、食物アレルギーに注意喚起する文章やアイコンが商品には印刷されています。「特定原材料7品目って何だろう？」、『同一の製造ラインで卵を使っています。』と書いてあるのはどういう意味があるのだろう？」、カロリーや成分の役割の読み方など、食品表示の学習は子どもたちが食生活に関心をもつ機会になります。

たとえば、うどんに「そばと同じ工場で製造しています」と注意喚起がある理由を理解すると、そばとうどんが別々の製造ラインで作られていても、同じ工場内で作られていると、小麦やそば粉が空気中に漂っているため、そばには小麦が、うどんにはそば粉が微量に混入する可能性があることや、それがごく微量であっても重篤《じゅうとく》なアレルギー症状を起こす人がいることを想像することができます。

食品表示を学ぶこと、その食品がどのように作られるのかを知ることは、どの子どもにとっても意味のあることです。それは、食物アレルギーがある子どもたちが、その表示を見て自分の安写真❹　カードゲーム「らんらんランチ」

対　象：小学生以上。プレーヤー人数は３～５名
内　容：１箱にカード 70 枚と解説書入り
価　格：800 円（税・送料別）
問合せ：日本生活協同組合連合会出版部　TEL：03-5778-8183

全を確認する努力をしているという、子ども同士の理解にもきっと役立つと思います。

●カードゲーム式教材「らんらんランチ」

「らんらんランチ」というカードゲームがあります（写真❹）。自分でランチメニューを選択するという疑似体験を通して、食物アレルギーについて理解を深めていくことを目的とした教材です。順天堂大学医学部公衆衛生学教室（当時）の堀口逸子医学博士らの研究グループが開発したカードゲーム形式の教材で、アトピッ子地球の子ネットワークがレシピ選択やゲーム試作段階での研究協力に参加しました。

プレーヤーは、食物アレルギー症状を起こす自分のアレルゲンに注意してメニューを選び、月曜日から金曜日までの5日間のランチメニューを、同じようなメニュー（種類）に偏らないように決めていきます。使用するカードは全部で70枚あります。卵や小麦などアレルギー症状を起こすアレルゲンが書かれた「アレルゲンカード」と、ハンバーグやエビチリなど料理名が書かれた「メニューカード」の2種類があり、各プレーヤーには、3枚ずつアレルゲンカードが配られます。そこに書いてあるアレルゲンが入った料理は食べられないというルールです。

子どもたちは、ゲーム感覚で楽しみながら、アレルゲン（卵、乳、小麦、そば、落花生、えび、かに）を避けるメニューの選び方について学ぶことができます。

ポイント

■調理実習でアレルゲン食物を扱う場合は、食物アレルギーの子どもが授業に参加する気持ちや意欲も考慮して、授業の組み立てを考える。

■食品表示の見方と、食品の製造工程をいっしょに学ぶことは、食生活への興味を喚起することになる。

●食を学ぶことが必要になっている

私たちは、年に1度、夏に、食物アレルギー、ぜんそく、アトピー性皮膚炎などの疾患がある人を対象にして、患者と家族が60人、ボランティアスタッフ50人が参加するキャンプを開催しています。１９９４年にスタートして２０１３年で19回になりました。一般の参加者は2泊3日のキャンプですが、ボランティアは3泊4日でなおかつ、開催の2カ月前から数回の勉強会や打合せに参加してキャンプに臨む組み立てになっています。一般の自然体験キャンプでは、食物アレルギー用の食事の提供を断られたり、皮膚の状態が良くないことや、ぜんそく治療の吸入の必要がある人の受け入れは難しいといった理由で参加を断られた子どもたちでも、私たちのキャンプでは自然に触れることを体験したり異年齢の子どもたちがのびのび遊べるよう、食事や治療の不自由がないような態勢を整えて開催しています。子どもたちの家族はアレルギー用の食事作りやケアから解放され、日頃の悩みや課題をおとな同士で語り合い、子育てやご自身のことをふり返ることができるような時間を作っています。

ボランティアは、高校生から60代の人まで、さまざまな年代の人が参加していますが、大学生、栄養士の卵、看護師、保育師の卵など、将来食物アレルギーやアトピー性皮膚炎がある子どもたちに接する可能性のある人たちもいて、数日間のキャンプ生活を共にすることで、アレルギーに対する理解を深めることも目的にしています。ボランティアには、事前に数回のミーティングや学習会に参加することを義務づけています。

その事前の学習の機会にも、たとえば「ビーフンや春雨は何でできていますか？」「雑穀って何ですか？」といった食材に関するテーマも取り上げますが、日常的に食べているものが何でできているか知らない人が多いことに驚かされます。また、「ハンバーグには卵が入っている」といったことも、調理をしている人はつなぎに使われることが想像できても、調理の経験のない人には想像を巡らせようもないことに気づかされます。

畑で作物を育て、自分たちの手で収穫した作物を使って、料理を作り、みんなで食べる、これまで当たり前であったことを再現する「食育」の機会がさらに重要になっています。世の中の「食育」推進の流れを受けて、学校でも「育て」「作る」取り組みは始まっています。

それ以外にも、外国産の農産物が大量に入ってくることで、食料生産の現場と私たちの生活が切り離され、家庭で調理する機会が少なくなることで、食べものを加工する技術が伝承されなくなり、さらに大量生産の食品製造業によって食品加工の過程がすっかりブラックボックスの中に入ってしまい、私たちは食べものからとても遠ざかった場所で暮らしているのだと感じることもあります。加工食品にあふれた現実も見据え、加工食品の表示を学んだり、製造工程における安全管理について学ぶことも「食育」の重要なテーマになっていると思います（図⑮）。

ポイント

■食べものが何からできているかを知ることも食育の1つのテーマ。

図⑮　加工食品の表示の学び方

①一括表示を見て原材料を確認する（一括表示は表示義務がある）

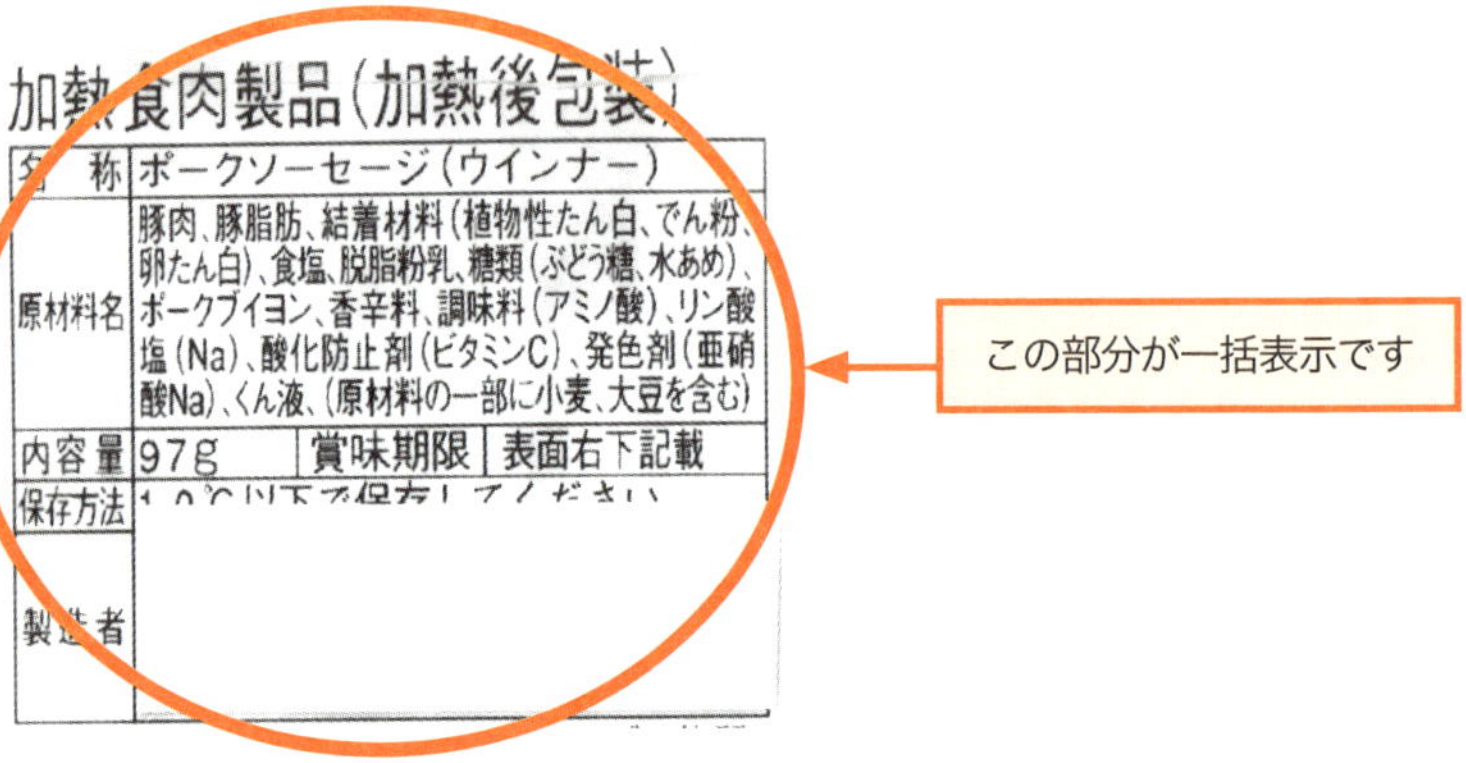

加熱食肉製品（加熱後包装）

名　称	ポークソーセージ（ウインナー）
原材料名	豚肉、豚脂肪、結着材料(植物性たん白、でん粉、卵たん白)、食塩、脱脂粉乳、糖類(ぶどう糖、水あめ)、ポークブイヨン、香辛料、調味料(アミノ酸)、リン酸塩(Na)、酸化防止剤(ビタミンC)、発色剤(亜硝酸Na)、くん液、(原材料の一部に小麦、大豆を含む)
内容量	97g　賞味期限　表面右下記載
保存方法	10℃以下で保存してください
製造者	

②食物アレルギーの人のために企業が任意につけている表示

●特定原材料７品目をめだたせる

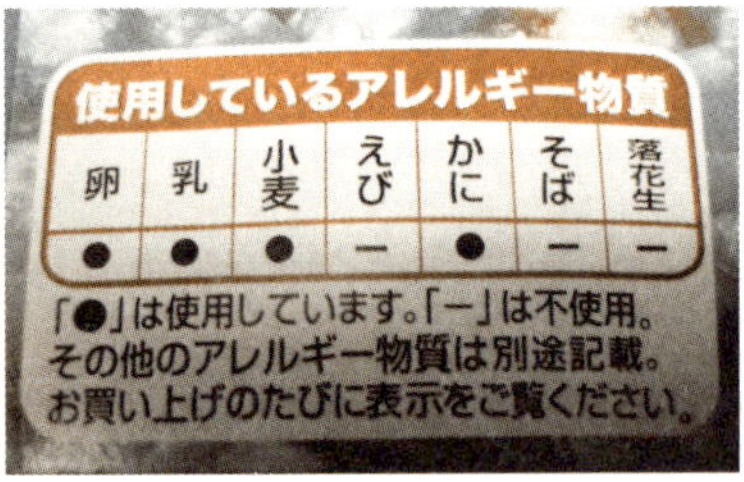

●表示義務と推奨をあわせた 25 品目

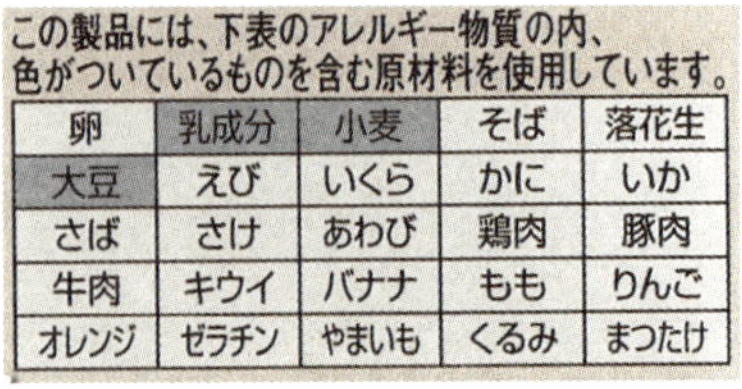

この製品には、下表のアレルギー物質の内、色がついているものを含む原材料を使用しています。

卵	乳成分	小麦	そば	落花生
大豆	えび	いくら	かに	いか
さば	さけ	あわび	鶏肉	豚肉
牛肉	キウイ	バナナ	もも	りんご
オレンジ	ゼラチン	やまいも	くるみ	まつたけ

＊現在は 27 品目になっている。サンプルは以前のもの。
市場には、25 品目、27 品目が混在する

●さまざまなアイコンでアレルゲンをめだたせている

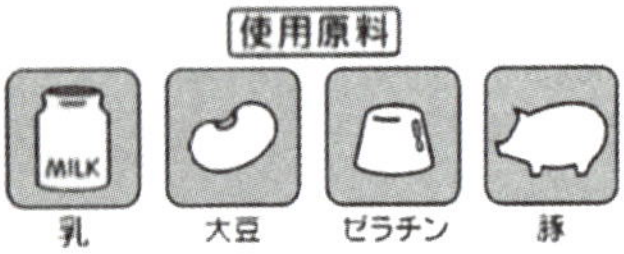

●欄外注意喚起サンプル

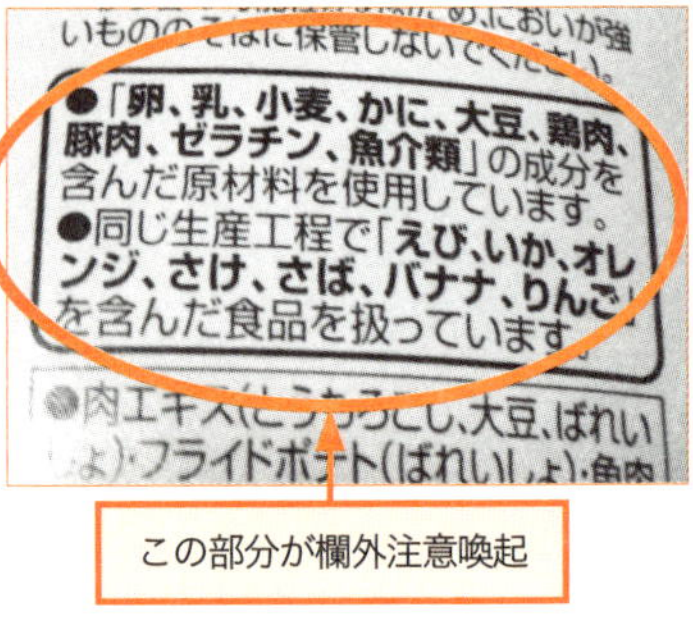

●食べものに対する気持ち、食べるのが怖い!?

食物アレルギーがある子どもの中には、食べものに対して不安感や恐怖感をもっている子どもがいます。食生活は毎日の出来事です。その食事のたびに不安感や恐怖感を感じている人がいるのです。

ある小学4年生の子どもは、小麦に対して非常に強いアレルギー反応があり、誤食によってじん麻疹や呼吸困難を起こした経験があります。それ以降、誤食したものと似た食べものを見ると、怖がって食べるのをやめてしまうのです。食に対しての抵抗感が強く、食が細く茶碗1杯のご飯も食べられない状況でした。慢性的な便秘にも悩まされるようになり、栄養不足の心配もありました。

母親が野菜や果物を食べることを促したり、運動の効果を説明してもうまくいきません。この子どもは小麦のほかにも果物類、とくに熱帯産のフルーツにアレルギーがありました。アレルギーが出ないりんごも果物とひとくくりに考えてしまっていて、なかなか食べようとしません。

母親からの相談は、どうやって便秘を治したらいいかというものでした。便秘自体は、栄養指導や医師の治療で解決できるかもしれませんが、ほんとうの課題は食べものに対する不安感や恐怖感を取り除くことなのです。このような、食に対する不安感や恐怖感に関する相談はそれほど多くはありませんが、ときどき出会うことがあります。

食べものに対する不安感や恐怖感を保護者も同時に感じているケースがあり、相談の電話中でも緊張がなかなか解けない方もいます。子どもよりも保護者の方が食べものに対する恐怖感が強くなってしまっていると言ってもよいかもしれません。母親がたくさん集まる勉強会では、「お母さんが食べものを怖がっていると子どもに怖い思いが伝わってしまうから、できるだけリラックスしましょう」「安全管理のためには本人と話し合うことも大切。学校と話し合うことも大切。手間暇がかかるけれどいっしょにがんばりましょう」と、食べものに対するスタンスを話しています。

自分の健康を管理することは、食物アレルギーの子どもに限らず、すべての子どもたちに共通する教育的な課題です。危険を回避する力を身につけること、これは学校の中でも家庭の中でも必要不可欠なことです。

ポイント

■食物アレルギーがある子どもの中には、食べものに対して緊張感や恐怖感をもっている子どももいる。

■不安感や恐怖感を乗り越え、危険を回避する力を身につける。

●子どもの気持ち、親の気持ち

私の子どもが小さかった頃の話です。

子どもには卵、乳、小麦のアレルギーがあり、ぜんそく治療のため、親戚の暮らす東京近県の山の中に移り住みました。転校先の小学校は、全校生徒数が80人ほどいました。小さい村なので、転校生が来たことはすぐに伝わり、転校の翌日には見知らぬ人から、「○○ちゃん学校には慣れた？」と声をかけられるほどでした。くわしくはわかりませんが、転校生は食物アレルギーらしい、ということもすぐに伝わりました。人口は過疎ですが、人と人との距離が濃密で、子どもものんびりとした雰囲気のなか、村のおとなたちに見守られて育ちました。

ある日、子どもが友だちの家に遊びにいくと、友だちのお姉さんがサンドイッチを作るために、パンの耳を切っていました。友だちのお姉さんは、私の子どもが食物アレルギーだということを知っていましたが、ちょっとふざけてみたかったのでしょう。パンの耳を指して「これ食べていいよ」と子どもに言いました。

お姉さんは、ほんの冗談のつもりで言っただけなのに、「食べていいよ」というその言葉に反応して、子どもはパンの耳を口に入れてしまいました。そして、つぎからつぎにパンの耳を口に入れて、リスがほお袋にエサをため込むような状態になりました。こうなると、吐き出すこともできません。ちょうど用事があって、そのお宅を訪れた私の親戚が、目を白黒させている子どもを見つけ、口からパンをかき出して事なきを得ました。

本人も飲み込むことに躊躇したのか、幸い口に入れたパンを飲み込んでいなかったので、そのときは口のまわりが赤くかゆくなっただけで済みましたが、夜になってぜんそくの発作を起こしました。子どもは家に帰ってからずっと泣きどおしで、自分の行動に驚き不安になっていました。

翌日、子どもは学校を休み、私は勤め先を欠勤して、アレルゲン食物の除去を続けるかどうか、小学2年生と母親の真剣な話し合いをしました。子どもはどちらかといえば、まじめにアレルゲン食物の除去に取り組んできた子どもだったと思います。東京に住んでいたときは、食物アレルギーが原因でからかわれる対象になっていましたが、食物アレルギーのことを友人に説明するときは、明るく元気に話していました。でも、母親の気づかないところで、本人は食べることに緊張感を持っていたのかもしれません。だからこそ「食べていいよ」という言葉に無意識に反応してしまったのかもしれません。「ぼくはがんばっていたのに、どうして食べちゃったのだろう」と、自分自身に対する不信感でいっぱいになっている子どもを見て、この子もこの子なりにがんばっていたのだと気づきました。

小・中・高と学年が進むにつれ、除去していた食物の解除も進みましたが、途中から新たなアレルゲン食物が増えてしまい、学年が変わるたび、担任や養護教諭に食物アレルギーのことを説明しました。担任の中には子どもに向かって直接「かわいそうだね」という人もいました。

「たいへんだね」とか「かわいそうだね」という言葉は、小さい頃はとくに「自分はたいへんなの?」「自分はかわいそうな子?」という子どもの自己認識につながるのではないかと、正直なところ私はハラハラしました。子どもにとってそういう思いをもつことは、不自然だし不自由なのではないかと思います。不自由な思いを胸にしまって育つより、自由なこころで育つほうがいいだろうと、真剣に素朴に思いました。

ポイント

■子どもは子どもなりに、食物アレルギーに向き合っている。

■子どもにとって、「たいへんだね」「かわいそうだね」など、不自由な自己認識につながる言葉は使わない。

●「共に生きる」を共に学ぶ

食事のときに安全を確かめねばならない子どもたち、呼吸器や皮膚に症状がある子どもたち、何か特徴のある子どもたちは、ほかの子どもと違うということになるのでしょう。ほかの子どもと違うけれどみんなと共に生きる「共生」の意味を理解することは、教育の本質にかかわることのような気がします。

たとえば、学校に足の悪い子が入学してきたら、上の階の教室に行くときは誰かが松葉杖をもち、誰かが子どもをおんぶして2階に上がったり、車いすをみんなで運び上げるといったことをします。足の悪い子も使えるように、トイレの便座の高さを少し高くする工事や、玄関口のスロープの設置工事をするなど、障がいのある子どもたちが学校で安全に過ごせるようにさまざまな工夫が全国の学校でおこなわれています。それなのに、なぜ食物アレルギーの子どもが、みんなと共に健やかに過ごすために手助けすることには抵抗感のある人がいるのでしょう。

私は、障がいがある子どもと食物アレルギーがある子どもは同じだと思っています。それは人の支えがあって、理解があってこそ豊かな暮らし、豊かな学校生活が送れるという意味では、どちらの子どもも同じだからです。

特別な対処を必要とする子どもにとって、クラスの友だちとの協力関係を作ることは、危機管理対策の1つであるように思います。食物アレルギーをめぐる安全管理・危機管理について、クラスで考え工夫することは、他者との関係性を深めることにつながります。食物アレルギーの子ども自身だけではなく、クラスの子どもたちも育つことができる機会だと思います。食物アレルギーの子どもたちは自分の命を守るために、やらなければならないことがたくさんあるのだということを、クラスメイトにも共に学んでいってほしいと思います。

それには、私たちおとなが、学校給食は教育として位置づけられていることを改めて認識し、多くの人に理解してもらう努力を、もっとしていかなければいけないのだと思います。

ポイント

■障がいがある子どもも、食物アレルギーがある子どもも、人の支えや理解があって初めて豊かな学校生活を送ることができる。

■食物アレルギーのような特別な対処を必要とする子どもにとって、クラスの友だちと協力関係をつくることは、危機管理対策の1つになる。

その後の文部科学省の動き

文部科学省は２０１３年５月に「学校給食における食物アレルギー対応に関する調査研究協力者会議」を設置し、調布市の事例報告に基づいた食物アレルギー対応の分析と全国の食物アレルギー対応実態の調査、ヒアリング等を２０１４年３月までにまとめ、今後の学校給食における食物アレルギー対応の充実を図ることになりました。

実態調査は、「教育委員会を対象としたアレルギー対応の実態把握」、学校対象には「給食の体制や提供方法に関する実態調査」、児童生徒には「アレルギー疾患の実態調査」を、それぞれアンケート配布形式でおこなわれました。

「調査結果」では、児童生徒の食物アレルギー４・５％（２００４年時の１・７倍）、アナフィラキシーの既往０・５％（同３・６倍）、エピペン保持者０・３％（前回調査なし）と、これまでの調査に比して非常に増加していることがあきらかとなりました。

また、２００８年から２０１３年において、学校におけるエピペンの使用は４０８件あり、使用したのは、本人１２２件、学校職員１０６件、保護者１１４件、救急救命士66件でした。

再発防止策としては、「学校生活におけるアレルギー対応取り組みガイドライン」の一部改編と周知徹底によって、全国でできるだけ統一された対応が実施されるよう推進すること、医師の診断にもとづく「学校生活管理指導表」の提出を義務化することなどが、２０１４年３月の報告書にとりまとめられました。

文部科学省は２０１４年４月に、全国の教育委員会などを通じて各学校に通知するとしています。

おわりに

この本を執筆している数カ月の間にも、さまざまな学校で配膳ミスや誤食事故があったことが新聞などで報道されています。

各地で開催される栄養士や調理員の勉強会や、地域の教職員が集まる勉強会におじゃました折には「報道を見ると不安になる、気をつけることには限界があるのではないか」と不安を口にする人に出会います。

決められたルールを守ることは、もちろん大切なことです。失敗例や事故事例を見るにつけ「安全管理のためのルールが守られていればよかったのに」と感じることもあります。

しかし、ルールが「気をつけること」である限り、失敗や事故はなくならないように感じます。「危機管理」の位置づけは「気をつけること」ではなく、「必然」になるまで習慣づけなければならないものです。そうなるためには、「なぜこれをおこなうのか」という納得や意識づけが不可欠です。話し合うこと、シミュレーションすることはそのためにあるのだと、この本を読んでご理解いただければ幸いです。

子どもたちが健やかな学校生活を送れるように、多くのおとなたちの理解と支援が得られることを祈ってやみません。

末筆になりますが、このブックレットをご提案くださり度重なる書き直しに辛抱強く待ってくださった編集部の坂上美樹さん、上村ふきさん、私どもの口述筆記や資料作成にお付き合いくださった柳澤美和さん、岡村直子さんにお礼申し上げます。

参考資料・参考情報

- **「学校のアレルギー疾患に対する取り組みガイドライン」**（日本学校保健会、2008 年）
- **「厚生労働科学研究班による食物アレルギーの診療の手引き 2011」**（厚生労働科学研究費補助金　免疫アレルギー疾患等予防・治療研究事業　食物アレルギーの発症要因の解明および耐性化に関する研究）
- **「厚生労働科学研究班による食物アレルギーの栄養指導の手引 2011」**（厚生労働科学研究費補助金　免疫アレルギー疾患等予防・治療研究事業　食物アレルギーの発症要因の解明および耐性化に関する研究）
- **「食に関する指導の手引」**（文部科学省、2010 年）
- **「学校の管理下における食物アレルギーへの対応調査報告書」**（独立行政法人日本スポーツ振興センター、2011 年）
- **「調布市立富士見台小学校女子児童死亡事故の概要について」**（調布市教育委員会、2013 年）
- **「調布市立学校児童死亡事故　検証結果報告書」**（調布市立学校児童死亡事故検証委員会、2013）
- **「調布市食物アレルギー事故再発防止　検討結果報告書（素案）」**（調布市食物アレルギー事故再発防止検討委員会、2013 年）
- **「学校給食における食物アレルギーを有する児童生徒への対応調査結果速報」**（学校給食における食物アレルギー対応に関する調査研究協力者会議資料、2013 年）

■著者紹介

赤城智美

NPO 法人アトピッ子地球の子ネットワーク事務局長・専務理事。
民間シンクタンク、環境 NGO を経てアトピッ子地球の子ネットワークを設立、現職に就く。患者が直面する課題は個人的なものではなく、社会の課題として位置づけられるよう、「社会化」をテーマに活動している。

NPO 法人アトピッ子地球の子ネットワーク

アトピー・アレルギー性疾患の患者とその家族、子どもや女性の暮らしを支援することをとおして、人と自然が共生し多様な価値を認め合い、誰もが共に生きることができる社会の実現をめざして 1993 年に発足。電話相談、調査研究、イベント企画立案と実施、講師派遣、執筆、災害支援、電話相談窓口開設や開設後のサポート、その他商品開発や表示についてのアドバイスもおこなっている。

『食物アレルギーの基礎知識』2013 年／日本食糧新聞社
『花粉症がラクになる』2011 年／コモンズ
『アトピー・アレルギー克服応援ブック 必ず道が見つかるアドバイス』
2010 年／合同出版
『アレルギーと楽しく生きる』」2005 年／現代書館
『食べることが楽しくなる アトピッ子料理ガイド』」2002 年／コモンズ
『アトピッ子ダイアリー」ママのふれあい日記』1999 年／合同出版

ホームページ　http://www.atopicco.org/
メール　info@atopicco.org
電話相談：tel 03-5948-7891　　木曜・金曜（祝日、8 月休）

学校給食アレルギー事故防止マニュアル
——先生・親・子どもとはじめる危機管理

2014 年 4 月 15 日　第 1 刷発行

著　者　赤城智美
発行者　上野良治
発行所　合同出版株式会社
東京都千代田区神田神保町 1-44
郵便番号　101-0051
電　話　03（3294）3506　FAX　03（3294）3509
ホームページ　http://www.godo-shuppan.co.jp/
振　替　00180-9-65422

印刷・製本　新灯印刷株式会社

■刊行図書リストを無料送呈いたします。
■落丁乱丁の際はお取り換えいたします。

ISBN978-4-7726-1191-6　NDC365　210 × 148